La formation théologique en 2050

La formation théologique en 2050

Intelligence artificielle, ministère et avenir de la formation

sous la supervision de
Heather Shellabarger

Les Essentiels Théologiques

©Digital Theological Library 2025
©Bibliothèque théologique numérique 2025

Licence Internationale CC BY-NC-ND 4.0
Ce travail est sous licence Creative Commons Attribution–Pas d'Utilisation Commerciale–Pas de Modification 4.0 Internationale (CC BY-NC-ND 4.0).
Vous êtes libre de:

- Partager — copier et redistribuer le fichier PDF original produit par DTL.

Selon les conditions suivantes:

- Attribution — Vous devez donner le crédit approprié au créateur et à DTL Press.
- Pas d'Utilisation Commerciale — Vous ne pouvez pas utiliser ce matériel à des fins commerciales.
- Pas de Modification — Si vous remaniez, transformez ou créez à partir de ce matériel, vous ne pouvez pas distribuer le matériel modifié.

Heather Shellabarger (créateur).
[Theological Education in 2050: Artificial Intelligence, Ministry and the Future of Formation/ Heather Shellabarger]
La formation théologique en 2050 : Intelligence artificielle, ministère et avenir de la formation / Heather Shellabarger

180 + xi pp. cm. 12.7 x 20.32
ISBN 979-8-89731-504-8 (Print)
ISBN 979-8-89731-229-0 (Ebook)
ISBN 979-8-89731-965-7 (Kindle)

    1. Enseignement théologique—Prévisions.
    2. Intelligence artificielle—Aspects religieux—
    Christianisme.
    3. Clergé—Formation—Prévisions.

BV4012 .S5413 2025

Ce livre en libre accès est disponible en plusieurs langues sur www.DTLPress.com

Image de couverture produite par l'auteure à l'aide de l'IA: "Les saints se moquent du devin"

Table des matières

Préface de la série
vii

Introduction
L'éducation théologique dans un monde façonné par l'IA
1

Chapitre 1
Une histoire de la disruption technologique dans l'enseignement théologique
5

Chapitre 2
L'intelligence artificielle comme défi théologique
15

Chapitre 3
Au-delà du techno-optimisme et de la peur
29

Chapitre 4
Justice, pouvoir et discipulat dans la culture algorithmique
45

Chapitre 5
Discerner l'agence et la responsabilité dans les relations homme-IA
61

Chapitre 6
Pédagogies de la présence à l'ère du désincarné
75

Chapitre 7
Évaluation de l'intégrité
Vérité, confiance et plagiat à l'ère de l'IA
89

Chapitre 8
Liturgies de la technologie
103
Chapitre 9
Discerner le rôle de l'IA dans la recherche et l'érudition théologiques
117
Chapitre 10
Réimaginer le programme d'études théologiques à l'ère de l'IA
129
Chapitre 11
L'avenir de l'éducation théologique
141
Épilogue
Enseigner la théologie à l'ère de l'IA
151

Annexes
Directives pratiques pour les enseignants en théologie à l'ère de l'IA
159
Pratiques liturgiques et pédagogiques pour impliquer l'IA
163
Questions de discussion pour engager l'IA
167
Missions pour engager l'IA
169
Exemples de plans de cours sur l'IA et l'éducation théologique
171
Politiques et pratiques institutionnelles des séminaires à l'ère de l'IA
177

Préface de la série

L'intelligence artificielle (IA) bouleverse tout, y compris la recherche et l'enseignement théologiques. Cette série, "Les Essentiels théologiques", vise à exploiter le potentiel créatif de l'IA dans le domaine de l'enseignement théologique. Dans le modèle traditionnel, un chercheur maîtrisant à la fois le discours académique et un enseignement réussi passait plusieurs mois, voire plusieurs années, à rédiger, réviser et réécrire un texte d'introduction, qui était ensuite transmis à un éditeur qui investissait également des mois, voire des années, dans la production. Même si le produit final était généralement assez prévisible, ce processus lent et coûteux a fait exploser le prix des manuels. En conséquence, les étudiants des pays développés ont payé ces livres plus cher qu'ils n'auraient dû, tandis que ceux des pays en développement n'y ont généralement pas eu accès (au coût prohibitif) jusqu'à ce qu'ils soient jetés ou donnés des décennies plus tard. Dans les générations précédentes, le besoin d'assurance qualité – sous forme de génération de contenu, de révision par des experts, de révision et de temps d'impression – a peut-être rendu inévitable cette approche lente, coûteuse et exclusive. Cependant, l'IA bouleverse tout.

Cette série est très différente; Il est créé par l'IA. La couverture de chaque volume indique que l'œuvre a été "créée sous la supervision" d'un expert du domaine. Cependant, cette personne n'est pas un auteur au sens traditionnel du terme. Le créateur de chaque volume a été formé par l'équipe de DTL à l'utilisation de l'IA et l'a utilisée pour créer, éditer, réviser et recréer le texte que vous voyez. Ce processus de création étant clairement défini, permettez-moi d'expliquer les objectifs de cette série.

Nos objectifs:

Crédibilité: Bien que l'IA ait fait – et continue de faire – d'énormes progrès ces dernières années, aucune IA non supervisée ne peut créer un texte de niveau universitaire ou de séminaire véritablement fiable ou pleinement crédible. Les limites du contenu généré par l'IA proviennent parfois des limites du contenu lui-même (l'ensemble d'entraînement peut être inadéquat), mais le plus souvent, l'insatisfaction des utilisateurs à l'égard du contenu généré par l'IA provient d'erreurs humaines liées à une mauvaise conception des messages. Les Presses DTL ont cherché à surmonter ces deux problèmes en recrutant des chercheurs reconnus, dotés d'une expertise largement reconnue, pour créer des ouvrages dans leurs domaines d'expertise et en formant ces chercheurs et experts à la conception des messages IA. Pour être clair, le chercheur dont le nom apparaît sur la couverture de cet ouvrage a créé ce volume: il l'a généré, lu, régénéré, relu et révisé. Bien que l'œuvre ait été générée (à des degrés divers) par l'IA, les noms de nos créateurs scientifiques figurent sur la couverture, garantissant ainsi la crédibilité de son contenu, comparable à celle de tout travail d'introduction que ce chercheur/créateur aurait rédigé selon le modèle traditionnel.

Stabilité: L'intelligence artificielle est générative, ce qui signifie que chaque réponse à une requête est créée de manière unique pour cette demande spécifique. Aucune réponse générée par l'IA n'est exactement identique à une autre. Cette variabilité inévitable des réponses de l'IA représente un défi pédagogique majeur pour les professeurs et les étudiants qui souhaitent entamer leurs discussions et analyses à partir d'un ensemble commun d'idées. Les institutions éducatives ont besoin de textes stables afin d'éviter un chaos pédagogique. Ces livres offrent ce texte stable à partir duquel enseigner, discuter et approfondir les idées.

Accessibilité financière: Les Presses DTL adhèrent à l'idée que l'accessibilité financière ne devrait pas être un obstacle à la connaissance. Chacun a le même droit de savoir et de comprendre. Par conséquent, les versions numériques de tous les ouvrages des Presses DTL sont disponibles gratuitement dans les bibliothèques DTL, et les versions imprimées sont disponibles moyennant un prix modique. Nous remercions nos chercheurs/créateurs pour leur volonté de renoncer aux accords traditionnels de redevances. (Nos créateurs sont rémunérés pour leur travail génératif, mais ne perçoivent pas de droits d'auteur au sens traditionnel du terme.)

Accessibilité: Les éditions DTL souhaitent mettre à disposition de tous, partout dans le monde, des manuels d'introduction de haute qualité et à faible coût. Les ouvrages de cette collection sont immédiatement disponibles en plusieurs langues. Les éditions DTL réaliseront des traductions dans d'autres langues sur demande. Les traductions sont, bien entendu, générées par l'IA.

Nos limites reconnues:

Certains lecteurs pourraient objecter: "Mais l'IA ne peut produire que du savoir dérivé ; elle ne peut pas créer de la recherche originale et innovante." Cette critique est, en grande partie, fondée. L'IA excelle dans l'agrégation, l'organisation et la reformulation d'idées préexistantes, bien qu'elle puisse parfois accélérer et affiner la production de nouvelles recherches. Toutefois, tout en reconnaissant cette limite inhérente, DTL Press souligne deux points: (1) Les textes introductifs n'ont généralement pas pour vocation d'être révolutionnaires dans leur contenu. (2) DTL Press dispose d'autres collections dédiées à la publication d'ouvrages de recherche originale, rédigés selon un processus traditionnel.

Notre invitation:

DTL Press aspire à transformer en profondeur l'édition académique en théologie afin de rendre le savoir plus accessible et plus abordable de deux manières:

En générant des manuels introductifs couvrant l'ensemble des disciplines théologiques, afin qu'aucun étudiant ne soit jamais contraint d'acheter un manuel dans une langue donnée. Nous espérons que les enseignants, où qu'ils soient, puissent utiliser un ou plusieurs ouvrages de cette série comme supports pédagogiques dans leurs cours.

En publiant également des monographies académiques, rédigées de manière traditionnelle, et mises à disposition en libre accès pour un lectorat universitaire avancé.

Enfin, DTL Press est non confessionnelle et publiera des ouvrages dans tous les domaines des études religieuses. Les monographies traditionnelles sont évaluées par des pairs, tandis que la création des livres introductifs générés par IA est ouverte à tout expert disposant des compétences requises pour superviser le contenu dans son champ disciplinaire. Si vous partagez notre engagement envers la crédibilité, l'accessibilité financière et l'accessibilité universelle, nous vous invitons à rejoindre notre initiative et à contribuer à cette série ou à une autre collection plus traditionnelle. Ensemble, nous pouvons révolutionner l'édition académique en théologie.

Avec nos plus hautes attentes,
Thomas E. Phillips
Directeur exécutif de DTL Press

Introduction
L'éducation théologique dans un monde façonné par l'IA

L'enseignement théologique a toujours été à la croisée des chemins entre continuité et changement. Au fil des siècles, séminaires et écoles de théologie ont cherché à former des leaders fidèles en transmettant les richesses de la tradition chrétienne tout en s'adaptant aux conditions culturelles changeantes. Aujourd'hui, nous nous trouvons à un nouveau tournant. L'intelligence artificielle n'est plus une perspective lointaine, mais une réalité quotidienne, transformant notre façon de communiquer, d'apprendre, de travailler et même d'imaginer l'être humain. Pour l'enseignement théologique, cela représente non seulement une rupture technique, mais aussi un défi spirituel et moral.

L'avènement de l'IA nous oblige à revisiter les questions les plus fondamentales: qu'est-ce que l'être humain, créé à l'image de Dieu, à une époque où les machines semblent penser? Que signifie la révélation lorsque les algorithmes peuvent générer des sermons et des prières? Comment comprendre le péché, la justice et la rédemption lorsque les systèmes technologiques amplifient à la fois la créativité et la déchéance humaines? Et comment les enseignants en théologie peuvent-ils former des leaders qui témoignent du Christ au milieu des promesses et des dangers de l'intelligence artificielle?

Ce livre est écrit avec la conviction que l'enseignement théologique ne doit ni reculer dans la peur ni se précipiter dans une adoption aveugle des technologies. Il doit au contraire utiliser l'IA avec les outils qu'elle maîtrise le mieux: l'Écriture, la doctrine, la prière, le discernement et la vie de l'Église. Notre objectif n'est pas de transformer les séminaires en académies de programmation, mais de les équiper pour qu'ils deviennent des communautés de sagesse et de présence, où les étudiants apprennent à tester l'esprit des technologies et à discerner des manières de vivre et de diriger fidèlement dans un monde numérique.

Les chapitres suivants abordent diverses préoccupations théologiques et pédagogiques. Nous commençons par des questions d'anthropologie, de révélation et de responsabilité, en nous interrogeant sur la manière dont l'IA remet en question les doctrines fondamentales de la foi. Nous abordons ensuite la pédagogie, explorant comment la présence, la formation et l'intégrité doivent être réarticulées dans une culture numérique. Les chapitres suivants abordent la justice, les perspectives mondiales et la conception des programmes, situant l'enseignement théologique dans les débats culturels et éthiques plus larges suscités par l'IA. Chaque chapitre vise à concilier une réflexion théologique rigoureuse et des conseils pratiques pour les enseignants, les pasteurs et les étudiants.

À la base de tout cela se trouve la conviction que l'enseignement théologique est lui-même une forme de technologie spirituelle: un ensemble de pratiques, de relations et de disciplines par lesquelles l'Esprit façonne les êtres humains à la communion avec Dieu et au service du monde. Si l'IA est l'une des forces motrices du XXIe siècle, alors l'enseignement théologique doit former des leaders capables de proclamer avec clarté et courage que le Christ (et non le code) est Seigneur. En retrouvant cette vision, l'enseignement théologique pourra témoigner fidèlement en 2050 et au-delà, préparant l'Église à un avenir qui se dessine déjà parmi nous.

Chapitre 1
Une histoire de la disruption technologique dans l'enseignement théologique

Introduction
Théologie, technologie et transformation

L'enseignement théologique n'a jamais existé en vase clos. Des premières traditions orales aux salles de classe numériques, la théologie a toujours été transmise par les outils et les technologies de son époque. Chaque nouveau média n'a pas seulement véhiculé le contenu théologique, mais a façonné les modalités mêmes de formation, de transmission et d'incarnation du savoir théologique. Ce chapitre retrace l'interaction historique entre les mutations technologiques et l'enseignement théologique afin d'éclairer la façon dont nous sommes arrivés à l'aube de l'ère de l'IA.

De fait, l'enseignement théologique a été en dialogue constant avec les évolutions culturelles, philosophiques et technologiques de son époque. L'Église a historiquement utilisé tous les outils disponibles pour proclamer l'Évangile, former des disciples et former des dirigeants. Mais chaque évolution technologique a également soulevé de profondes questions sur l'autorité, la formation, la communauté et la nature même de la révélation divine. Les technologies ne sont jamais neutres; elles façonnent les questions que nous posons, les méthodes que nous employons et le type d'individus que nous devenons.

Aujourd'hui, alors que l'intelligence artificielle est sur le point de transformer chaque facette de la vie humaine, les enjeux de l'enseignement théologique se posent à nouveau. L'IA n'est pas seulement un nouveau moyen de diffusion, mais un nouveau paysage épistémologique et ontologique. Elle remet en question notre compréhension de ce que signifie connaître, enseigner, apprendre et même être humain. Pour y répondre fidèlement, nous devons d'abord examiner comment l'enseignement théologique a été façonné par les révolutions technologiques précédentes, puis envisager l'avenir avec une imagination prophétique.

Rouleaux, codex et l'essor de la théologie textuelle

L'Église primitive est née dans une culture orale, mais l'écrit est rapidement devenu essentiel à la transmission de l'enseignement chrétien. Le passage des rouleaux aux codex a facilité la consultation et la compilation des Écritures, favorisant ainsi le processus de canonisation et l'essor des textes théologiques. Cette évolution a orienté la formation théologique vers un modèle centré sur le texte, privilégiant l'alphabétisation et la capacité d'interprétation.

Les scriptoria monastiques médiévaux, avec leurs copies manuscrites méticuleuses, devinrent des lieux de préservation et de production théologiques. Le rythme monastique de lecture, d'écriture et de contemplation enracinait l'étude théologique dans une vie communautaire profondément incarnée. Ici, la technologie servait le lent travail de formation.

L'imprimerie et la démocratisation de la doctrine

L'avènement de l'imprimerie au XVe siècle a déclenché une révolution théologique. Les 95 thèses de Martin Luther ne constituaient pas seulement une provocation théologique, mais un événement technologique largement diffusé par l'impression. La Réforme a révélé comment la technologie pouvait amplifier les conflits théologiques et démocratiser le discours théologique.

Séminaires et universités commencèrent à se former autour de cette nouvelle culture de l'imprimé. L'enseignement théologique devint de plus en plus structuré, systématique et basé sur les livres. Les débats doctrinaux se déroulèrent sur papier, et l'autorité ecclésiastique fut remise en question par un laïcat nouvellement alphabétisé. La technologie transforma non seulement la méthode théologique, mais aussi l'autorité ecclésiastique et les structures éducatives.

La radio, la télévision et l'ère de la théologie de la radiodiffusion

Le XXe siècle a vu l'essor des technologies de diffusion, introduisant de nouvelles plateformes de communication théologique. Des évangélistes comme Billy Graham ont atteint un public mondial grâce à la radio et à la télévision, marquant ainsi une transition vers une expérience religieuse médiatisée de masse. L'enseignement théologique a commencé à se poser de nouvelles questions: comment former la foi à l'ère de la diffusion? Que signifie former des disciples de personnes que nous ne rencontrerons peut-être jamais en personne?

Les séminaires ont expérimenté l'enseignement à distance, souvent par correspondance ou par des émissions radiophoniques. Bien que ces modes n'offraient pas la profondeur communautaire et incarnée de l'apprentissage en présentiel, ils ont marqué une première tentative d'élargir l'accès et d'adapter la pédagogie aux évolutions technologiques.

Le virage numérique
Apprentissage en ligne et théologie ouverte

Internet a catalysé le changement le plus important dans l'enseignement théologique depuis l'invention de l'imprimerie. Des plateformes d'apprentissage en ligne ont émergé, permettant un enseignement théologique asynchrone par-delà les fuseaux horaires et les continents. Les ressources théologiques open source ont proliféré et des échanges théologiques mondiaux ont commencé à se dérouler dans les espaces numériques.

Les systèmes de gestion de l'apprentissage (SGA) tels que Moodle, Blackboard, puis Canvas et Google Classroom sont devenus fondamentaux pour la dispense de cours dans les séminaires. Ces outils ont permis la création de contenus théologiques modulaires, personnalisables et accessibles. Les institutions théologiques ont commencé à proposer des cursus diplômants entièrement en ligne, transformant ainsi le paysage de la formation pastorale et de l'érudition théologique.

La théologie ouverte est également apparue comme une force de démocratisation. Blogs, podcasts, chaînes YouTube et didacticiels gratuits proposés par les séminaires ont créé un écosystème d'engagement théologique décentralisé. Chercheurs indépendants, voix marginalisées et praticiens extérieurs aux institutions académiques traditionnelles ont trouvé des plateformes pour contribuer au discours théologique. Cela a permis une diversification bienvenue des voix, mais a également introduit le défi de la fragmentation théologique et de la perte d'un fondement épistémique commun.

La communauté, autrefois formée par les offices religieux, les cours et les repas partagés, doit désormais être cultivée par le biais de forums de discussion, de visioconférences et de rassemblements de prière virtuels. Si de nombreuses institutions ont fait de grands progrès dans le développement de pratiques de formation spirituelle numérique, d'autres peinent à favoriser un sentiment d'appartenance et de responsabilité dans les contextes virtuels.

De plus, la facilité d'accès à l'information a transformé le rôle des enseignants, passant de simples diffuseurs de contenu à des curateurs, mentors et facilitateurs de formation. Ils ont dû s'adapter à un enseignement multimodal, intégrant les médias numériques, les outils collaboratifs et même les réseaux sociaux à leur arsenal pédagogique. Cela a remodelé non seulement le "comment" de l'enseignement, mais aussi son "pourquoi", remettant en question les finalités de l'enseignement théologique à l'ère de l'abondance d'informations.

Intelligence artificielle
Un nouveau seuil

L'IA ne représente pas un simple outil technologique, mais une manière fondamentalement différente d'aborder la connaissance, l'interprétation et la formation. Contrairement aux outils précédents qui étendaient la communication humaine, les systèmes d'IA peuvent désormais analyser, générer et même imiter le raisonnement théologique. Ils participent aux processus de discernement, d'interprétation et même de créativité.

Les modèles d'IA, tels que les grands transformateurs de langage, sont capables de composer des prières, des sermons, des essais théologiques et des commentaires bibliques. Ces résultats, bien que syntaxiquement convaincants, soulèvent d'importantes questions quant à la paternité, l'authenticité et l'intégrité théologique. Que se passe-t-il lorsque des machines sont perçues comme dotées d'une vision spirituelle? L'IA peut-elle co-écrire de la théologie, ou son absence d'incarnation et de relation avec Dieu l'empêche-t-elle d'avoir un véritable discours théologique?

L'IA bouleverse également les épistémologies traditionnelles. Là où la formation théologique a historiquement privilégié un dialogue lent et contemplatif avec les textes et les traditions, l'IA offre une synthèse et une analyse instantanées. Cette évolution risque de remplacer l'apprentissage formatif par une production performative, sapant ainsi la patience, l'humilité et la discipline spirituelle qui sont au cœur de la recherche théologique.

Sur le plan pédagogique, les outils d'IA présentent à la fois des opportunités et des tentations. D'un côté, ils peuvent accompagner le brainstorming, la traduction et le tutorat. De l'autre, ils peuvent permettre des raccourcis qui contournent les difficultés essentielles à la croissance spirituelle. Les enseignants doivent se demander: comment cultiver des vertus comme la sagesse, le discernement et l'humilité dans un contexte où les réponses sont immédiates mais rarement transformatrices?

En matière de communauté et de formation, l'IA remet en question le rôle de la présence. Aumôniers virtuels, robots de soins pastoraux pilotés par l'IA et pratiques spirituelles organisées par des algorithmes émergent. Ces phénomènes soulèvent de profondes inquiétudes quant à la nature de l'empathie, à la nécessité de la présence humaine et à la qualité sacramentelle des relations humaines dans le ministère. Face à l'évolution de ces outils, la formation théologique doit s'interroger non seulement sur leur utilité, mais aussi sur leur plausibilité théologique.

D'un point de vue éthique, l'IA confronte les enseignants à des questions de justice, de partialité, de surveillance et de pouvoir. Les systèmes d'IA reflètent souvent les valeurs et les présupposés de leurs créateurs. Sans contrôle, ils risquent de perpétuer des préjugés théologiques, culturels et raciaux. Les institutions théologiques doivent donc aborder l'IA de manière critique, en formant des étudiants capables d'analyser et de remettre en question ces systèmes à travers le prisme de la justice évangélique et du témoignage prophétique.

À l'approche de l'année 2050, les enseignants en théologie doivent reconnaître que l'IA n'est pas seulement un outil à intégrer, mais un contexte à interpréter. Tout comme l'imprimerie a donné naissance à de nouveaux modes d'apprentissage et à l'autorité ecclésiale, l'IA nécessitera de nouvelles pédagogies, de nouvelles théologies et peut-être de nouvelles conceptions de l'être humain. Il ne s'agit pas seulement d'utiliser l'IA efficacement, mais de l'aborder théologiquement avec vigilance, créativité et espoir.

Conclusion
Apprendre du passé, se tourner vers l'avenir

Ce chapitre a retracé comment les changements technologiques ont bouleversé et remodelé à maintes reprises l'enseignement théologique. Des parchemins aux écrans, chaque transformation a apporté pertes et gains, défis et opportunités. L'histoire de l'enseignement théologique est une histoire d'adaptation, d'innovation et de discernement.

Alors que nous envisageons un avenir de plus en plus influencé par l'IA, nous sommes invités non seulement à réagir avec pragmatisme, mais aussi à mener une réflexion prophétique. La tâche qui nous attend ne consiste pas simplement à adopter les nouvelles technologies, mais à former une imagination théologique capable d'interpréter et de façonner le monde qu'elles engendrent.

Cela exige un engagement renouvelé envers les vertus théologales de sagesse, d'humilité, de justice et d'espérance, fondements de nos pédagogies et de nos missions institutionnelles. Nous devons former des leaders non seulement à l'aise avec le numérique, mais aussi ancrés spirituellement, capables d'affronter la complexité avec discernement et grâce.

Cela exige également du courage institutionnel. Les séminaires et les écoles de théologie doivent être prêts à repenser les modèles obsolètes, à s'ouvrir à l'expérimentation et à investir dans la formation des enseignants qui favorise l'engagement théologique envers l'IA. Les partenariats avec les éthiciens, les technologues et les communautés chrétiennes du monde entier seront essentiels pour élaborer une réponse holistique et fidèle.

Par-dessus tout, l'avenir de la formation théologique doit rester ancré dans sa vocation profonde: former des personnes capables de témoigner de l'Évangile en leur temps. Ce témoignage sera différent en 2050, mais son cœur demeure inchangé: aimer Dieu et son prochain, rechercher la vérité et la justice, et participer à l'œuvre rédemptrice continue de Dieu, même dans un contexte de bouleversements numériques.

L'histoire de l'enseignement théologique est encore en cours d'écriture. Avec courage, créativité et communion, nous pouvons façonner un avenir où l'Église sera équipée non seulement pour survivre à l'ère de l'IA, mais aussi pour y prospérer avec fidélité, prophétiquement et incarnément.

Chapitre 2
L'intelligence artificielle comme défi théologique

Introduction
La théologie dans un nouveau terrain

L'intelligence artificielle (IA) est plus qu'une avancée technologique; c'est un phénomène intellectuel, culturel et spirituel qui remet en question certains des postulats les plus profonds de la théologie chrétienne. Alors que les systèmes d'IA participent de plus en plus à des tâches interprétatives, créatives et même relationnelles, ils suscitent des questions théologiques fondamentales: que signifie être humain dans un monde de machines intelligentes? Les machines peuvent-elles assumer une responsabilité morale? Où est Dieu dans un monde façonné par l'IA? Ce chapitre explore les défis et les opportunités uniques que l'IA pose à des domaines fondamentaux de la théologie chrétienne.

Parler théologiquement de l'IA ne se résume pas à commenter de nouveaux outils, mais à aborder une réalité en devenir qui reconfigure la connaissance, l'action, l'incarnation et la communauté. Les théologiens doivent dépasser les questions superficielles d'utilité pour s'interroger sur les implications plus profondes de l'IA pour les doctrines de la création, du péché, du salut et de l'eschatologie. Cela est particulièrement urgent pour ceux qui sont chargés de former des responsables chrétiens au ministère et au témoignage dans une culture où l'IA intervient de plus en plus dans tous les domaines, de la communication à la prise de décision morale.

Le terrain dans lequel nous évoluons est marqué à la fois par la continuité et la rupture. Les questions soulevées par l'IA font écho à des préoccupations ancestrales sur la nature humaine, la transmission du savoir et la recherche de la sagesse. Pourtant, l'ampleur, la rapidité et la portée de l'influence de l'IA représentent une nouveauté, un tournant historique comparable à l'impact de l'imprimerie ou à l'avènement de l'ère numérique. Pour les enseignants en théologie, le défi n'est pas simplement de suivre le rythme des changements technologiques, mais d'aider l'Église à en discerner le sens, à critiquer ses idoles et à imaginer des pratiques fidèles de résistance, d'intégration et d'innovation.

Dans ce qui suit, nous examinerons comment l'IA croise des domaines clés de la réflexion théologique, invitant à la prudence et à la créativité. Plutôt que de réagir uniquement par peur ou fascination, l'enseignement théologique à l'ère de l'IA doit être marqué par le discernement, une vertu cultivée dans la prière, la communauté, la tradition et l'espoir.

Anthropologie théologique
Qu'est-ce que l'être humain?

Au cœur du défi de l'IA se trouve l'anthropologie théologique. La tradition chrétienne soutient depuis longtemps que l'être humain est créé à l'image de Dieu (*imago Dei*), doté de raison, de capacité relationnelle, de créativité et d'action morale. Pourtant, les systèmes d'IA adoptent désormais des comportements qui imitent le raisonnement, l'utilisation du langage et la prise de décision humains. Les machines peuvent désormais mener des conversations, générer des textes, interpréter des données, composer de la musique et même interagir émotionnellement avec les utilisateurs d'une manière qui semble authentiquement humaine. Ce mimétisme technologique bouleverse profondément la manière dont la société définit et valorise l'unicité humaine.

La question théologique devient d'autant plus urgente face aux discours populaires qui brouillent la frontière entre humain et machine. Si l'IA peut imiter la cognition et le comportement humains, cela affaiblit-il l'affirmation théologique selon laquelle les humains sont créés à l'image de Dieu? La réponse ne réside pas dans le repli sur soi-même, ni dans le mysticisme, mais dans un retour à une compréhension solide et nuancée de ce que signifie porter l'*imago Dei*.

Traditionnellement, l'image de Dieu a été interprétée selon trois perspectives principales: substantielle, fonctionnelle et relationnelle. Les conceptions substantielles associent l'*imago* à des capacités humaines spécifiques, comme la rationalité ou le raisonnement moral, traits que l'IA imite désormais. Les interprétations fonctionnelles mettent l'accent sur la domination et la créativité humaines, domaines dans lesquels les systèmes d'IA font preuve d'une sophistication croissante. En revanche, la conception relationnelle, inspirée de la nature trinitaire de Dieu, met l'accent sur la communion, l'amour et la participation incarnée aux relations d'alliance. Sur ce point, l'IA est insuffisante.

L'IA peut simuler une conversation, mais elle ne possède ni empathie, ni désir, ni volonté de communion. Elle ne souffre pas, n'espère pas, ne prie pas. Elle n'aspire pas à la transcendance et ne pleure pas la perte d'autrui. Ces expériences profondément humaines ne sont pas accidentelles, mais inhérentes à notre vocation d'êtres faits pour l'amour, la vulnérabilité et l'adoration. L'anthropologie théologique doit insister sur le fait que la personnalité ne peut se réduire à la puissance de traitement ou à la performance.

De plus, l'être humain n'est pas simplement une intelligence individuelle, mais une créature formée dans et pour la communauté. L'*imago Dei* se réalise pleinement en relation à Dieu et aux autres, façonnée par le récit, la culture, l'incarnation et la formation spirituelle. L'IA, malgré toutes ses capacités, est dépourvue d'histoire, de mortalité et de capacité d'amour fondé sur l'alliance. Elle ne peut recevoir les sacrements, dire la vérité avec amour, ni porter la croix. Ainsi, l'enseignement théologique à l'ère de l'IA doit réarticuler la dignité humaine, non pas en concurrence avec les machines, mais dans une fidélité plus profonde à la vision chrétienne de l'humanité en tant que porteurs d'image appelés à la vie de Dieu.

Révélation et interprétation
Qui parle au nom de Dieu?

Les systèmes d'IA entraînés sur de vastes textes théologiques et bibliques peuvent désormais générer des sermons, des commentaires et des prières. Ils peuvent analyser les tendances du discours religieux, détecter des schémas thématiques dans les Écritures et même répondre à des questions spirituelles avec une fluidité impressionnante. Ces développements ont introduit de profonds défis pour la compréhension théologique de la révélation et de son interprétation.

Traditionnellement, en théologie chrétienne, la révélation est comprise comme la révélation de Dieu, initiée par Dieu et reçue par les êtres humains à travers le témoignage des Écritures, celui de l'Église et la présence du Saint-Esprit. L'interprétation, quant à elle, est un acte spirituel et communautaire qui implique à la fois raison et réceptivité, ancré dans la foi vécue de la communauté chrétienne. L'essor des productions théologiques générées par l'IA (textes parfois précis sur le plan doctrinal, élégants sur le plan stylistique et pertinents sur le plan contextuel) soulève des questions troublantes quant à l'authenticité, l'autorité et le discernement spirituel.

Peut-on dire que les mots produits par les systèmes d'IA contiennent la vérité, ou seulement l'apparence de la vérité? Sont-ils capables de témoigner de la révélation divine, ou sont-ils le reflet de probabilités statistiques tirées d'énormes ensembles de données? Ces questions nous poussent à distinguer information et révélation, précision linguistique et profondeur spirituelle. Si l'IA peut offrir des résumés utiles ou imiter le ton de la compréhension spirituelle, elle manque de conscience, d'intention et de capacité de discernement spirituel. Elle ne peut être guidée par l'Esprit, ni s'engager dans un abandon priant ou un émerveillement théologique.

De plus, l'interprétation n'est jamais une tâche neutre ou purement intellectuelle. Elle est façonnée par les engagements, les traditions et l'engagement existentiel de chacun envers le Dieu vivant. Les systèmes d'IA ne prient pas, ne pleurent pas sur un texte et ne sont pas responsables des affirmations théologiques qu'ils génèrent. Ils ne peuvent être tenus responsables au même titre que les interprètes humains. Cette absence de responsabilité morale et spirituelle constitue une limite décisive au rôle de l'IA dans le discours théologique.

Cela ne signifie pas pour autant que l'IA n'a aucun rôle à jouer. Elle peut servir d'outil de soutien à la réflexion théologique humaine, en aidant à la recherche, en identifiant des modèles dans les Écritures ou en proposant des pistes créatives pour le développement homilétique. Mais sa fonction doit rester secondaire, toujours interprétée et structurée par des êtres humains dont l'imagination théologique est façonnée par l'Écriture, la tradition, l'expérience et la raison dans le contexte de la foi.

À une époque où les voix synthétiques influencent de plus en plus le débat théologique, l'enseignement théologique doit apprendre aux étudiants à interroger les esprits, à exercer un discernement critique et spirituel, et à privilégier la formation à l'information. L'objectif n'est pas simplement de produire des textes théologiquement cohérents, mais de former des personnes dotées d'une grande sagesse théologique. En fin de compte, la révélation n'est pas une question de production algorithmique, mais de rencontres divines médiatisées par la chair et l'histoire, proclamées par les prophètes et les pasteurs, et reçues par les communautés réunies pour le culte et le témoignage.

Péché, chute et agentivité de la machine

L'IA peut-elle pécher? Peut-elle être tenue responsable d'actes préjudiciables à autrui? Ces questions provocatrices révèlent la complexité théologique de l'action dans un monde de plus en plus façonné par les machines. D'un point de vue théologique chrétien, le péché n'est pas seulement la violation d'un code moral, mais une rupture relationnelle, un détournement de Dieu, du prochain et de la création. Il implique intention, volonté et conscience morale. L'IA, telle qu'elle existe actuellement, ne possède rien de tout cela. Elle fonctionne grâce à des algorithmes et à des prédictions statistiques. Elle est dépourvue de conscience, de capacité d'introspection, de culpabilité et d'aspiration au pardon. Ainsi, l'IA ne peut pécher au sens théologique du terme.

Pourtant, les actions des systèmes d'IA peuvent bel et bien être néfastes. Des algorithmes biaisés peuvent priver des opportunités, les logiciels de reconnaissance faciale peuvent identifier des individus de manière erronée en fonction de leur origine ethnique, et les modèles génératifs peuvent diffuser de fausses informations ou reproduire des cadres théologiques oppressifs. Dans chacun de ces cas, le préjudice est réel, mais la responsabilité morale n'incombe pas à la machine; elle incombe aux êtres humains qui conçoivent, déploient et ne parviennent pas à réguler ces technologies. Le péché ne réside donc pas dans la machine, mais dans les systèmes humains de pouvoir, de profit et de contrôle qui façonnent la création et l'utilisation de l'IA.

Le discours théologique doit s'intéresser non seulement au comportement des machines, mais aussi aux motivations et aux structures qui régissent leur développement. L'idolâtrie du salut technologique, la croyance que l'innovation peut racheter le monde sans repentir ni grâce, est une tentation particulièrement insidieuse. Elle favorise une culture où l'efficacité prime sur la justice, le contrôle sur la communion, et la valeur humaine se mesure à la productivité plutôt qu'à la dignité. Dans cet écosystème, l'IA devient le miroir de la déchéance humaine, amplifiant la fragilité déjà présente dans nos cœurs et nos institutions.

À l'ère de l'IA, la repentance doit aller au-delà de la contrition individuelle. Elle doit inclure une réforme institutionnelle, une gouvernance éthique et la volonté de dénoncer et de résister aux injustices systémiques ancrées dans les infrastructures technologiques. Cela implique de se poser des questions difficiles: quelles voix sont exclues des données d'entraînement de l'IA, quels corps sont surveillés par les outils d'IA et quels intérêts sont servis par les profits de l'automatisation. L'Église et le monde théologique ont un rôle essentiel à jouer pour cultiver une vision morale qui considère la technologie non pas comme neutre, mais comme un terrain profondément moral et spirituel.

En fin de compte, l'IA nous invite à élargir notre compréhension de la responsabilité humaine. Nous sommes responsables non seulement de nos propres actions, mais aussi des systèmes que nous construisons, des outils auxquels nous faisons confiance et du pouvoir que nous exerçons. La réponse théologique à l'IA doit commencer par un sens renouvelé de notre vocation: aimer son prochain, préserver la création et résister aux pouvoirs (technologiques ou autres) qui déforment l'image de Dieu en nous-mêmes et chez les autres.

Eschatologie et espoir dans un avenir post-humain

Dans les discours contemporains sur l'intelligence artificielle, les visions du futur oscillent souvent entre deux extrêmes: des fantasmes utopiques de dépassement des limites humaines par l'intégration technologique, et des craintes dystopiques d'obsolescence humaine ou de domination par des systèmes autonomes. Les récits populaires de la "singularité" ou de la convergence homme-machine promettent une forme de salut, une échappatoire à la mortalité, à la souffrance et aux limitations. À l'inverse, les avertissements apocalyptiques envisagent l'IA comme une menace pour la survie humaine, l'action morale ou la cohésion sociale. Ces deux visions reflètent de profondes angoisses et aspirations culturelles, mais aucune ne s'appuie sur la vision théologique de l'eschatologie chrétienne.

L'espérance chrétienne ne s'enracine pas dans le progrès ou le recul technologique, mais dans la promesse d'une nouvelle création, la restauration et l'accomplissement de toutes choses en Christ. L'eschatologie nous rappelle que l'histoire n'est pas sans but, ni ultimement gouvernée par des algorithmes, des marchés ou l'intelligence artificielle. Elle est plutôt guidée par les desseins rédempteurs de Dieu, qui fait naître la vie de la mort et crée la beauté du chaos. Cet horizon théologique offre une alternative au techno-optimisme et au désespoir fataliste. Il place l'espérance non pas dans l'innovation humaine, mais dans la grâce divine.

Dans ce contexte, les fantasmes post-humains de transcendance de l'incarnation, de téléversement de la conscience ou d'immortalité numérique contrastent fortement avec l'affirmation chrétienne de la résurrection du corps. La promesse eschatologique n'est pas l'élimination de la condition humaine, mais sa transformation. Elle affirme la bonté de la création, la dignité de la vie incarnée et la valeur durable de la présence relationnelle. L'eschatologie chrétienne n'imagine pas une échappatoire à la finitude, mais envisage la communion avec Dieu et les autres au sein d'une création renouvelée.

De plus, l'imagination eschatologique renforce la résistance. Elle libère l'Église de la captivité du déterminisme technologique et la prépare à critiquer les structures injustes qui prétendent être inévitables. Elle appelle l'Église à témoigner non pas par la maîtrise des outils, mais par la fidélité au Christ souffrant, dont le règne vient non pas par la domination, mais par l'amour cruciforme. L'espérance de l'Évangile n'est pas que les machines perfectionneront le monde, mais que Dieu le rachètera, même dans les parties corrompues par l'usage abusif de la technologie par l'homme.

L'enseignement théologique doit donc cultiver le discernement eschatologique. Les étudiants doivent apprendre à décrypter les récits culturels du futur en prenant en compte le récit biblique de la rédemption. Ils doivent être capables de proposer une autre vision, marquée non par la peur ou l'illusion, mais par une espérance patiente, ancrée dans les promesses de Dieu. À l'ère de l'IA, cela implique d'enseigner non seulement les algorithmes, mais aussi la littérature apocalyptique, non seulement l'éthique, mais aussi la fin de toutes choses en Christ.

En fin de compte, l'eschatologie chrétienne n'offre pas un plan pour l'avenir, mais une vision du sens ultime. Elle ancre la dignité humaine dans la fidélité de Dieu et invite l'Église à incarner l'espérance dans un monde qui confond souvent intelligence et sagesse, rapidité et finalité, innovation et salut. Dans cette optique, l'avenir post-humain ne menace pas l'espérance théologique, mais invite à la proclamer plus clairement et plus courageusement.

La christologie et l'unicité de l'incarnation

À une époque où la présence numérique, les avatars virtuels et les interactions désincarnées se normalisent de plus en plus, la revendication théologique de l'Incarnation (Dieu fait chair) contraste radicalement avec elle. La doctrine de l'Incarnation n'est pas une simple affirmation du passé; c'est une confession fondamentale sur la nature de Dieu et l'importance de l'incarnation, de la relation et de la vulnérabilité. Jésus-Christ, pleinement divin et pleinement humain, n'est pas venu sous la forme d'un flux de données ou d'une projection à distance, mais dans un corps humain réel, né à une époque et un lieu précis, façonné par la culture, la langue et l'histoire. Le Verbe s'est fait chair, et non code.

Cette affirmation christologique a de profondes implications sur notre façon de concevoir l'intelligence artificielle. L'IA, aussi sophistiquée soit-elle, n'a pas la capacité d'habiter un corps, de souffrir, de saigner ou de mourir. Elle ne peut ressentir la faim, pleurer sur la tombe d'un ami ou suer du sang dans un jardin. Ce ne sont pas des expériences humaines anecdotiques, mais des expériences essentielles de l'Évangile. L'histoire chrétienne est celle de la solidarité divine avec la fragilité humaine, et non de sa transcendance. En s'incarnant, le Christ a affirmé la bonté du corps et révélé que le salut n'est pas une évasion de la matérialité, mais sa rédemption.

En revanche, une grande partie du discours sur l'IA, notamment dans les discours transhumanistes et post-humains, suggère que l'incarnation est une limite à surmonter. La conscience, affirme-t-on, pourrait un jour être téléversée, permettant aux humains de vivre dans la perpétuité numérique. Ce point de vue s'oppose à l'affirmation chrétienne de la résurrection corporelle. La résurrection du Christ n'était ni un événement métaphorique ni un phénomène virtuel; c'était la transformation d'un corps réel et blessé en prémices d'une nouvelle création. Tout examen théologique de l'IA doit prendre au sérieux l'irréductibilité du corps dans la pensée chrétienne.

De plus, la christologie affirme que la vérité n'est pas une simple information à transmettre, mais une personne à connaître. L'IA peut traiter des données théologiques, simuler un dialogue ou composer des sermons cohérents, mais elle ne peut révéler le visage de Dieu. La révélation, en termes chrétiens, n'est ni abstraite ni détachée, mais relationnelle, personnelle et incarnée. Jésus n'a pas simplement dit la vérité; il était et est la Vérité. Cela signifie que la formation à l'image du Christ ne peut se faire par réplication algorithmique, mais plutôt par transformation spirituelle au sein d'une communauté incarnée.

La christologie sert également de remède à toute tentation de déifier les machines ou de les investir d'espoirs messianiques. Dans une culture technologique souvent portée par des promesses d'efficacité, de contrôle et d'innovation perpétuelle, la croix du Christ apparaît comme un contre-récit subversif. Le salut ne vient pas du progrès, mais du sacrifice, non pas de la perfection artificielle, mais de la grâce divine. L'Église doit donc résister aux évangiles technologiques qui promettent la vie sans la mort, la connexion sans la vulnérabilité, ou la connaissance sans la sagesse.

Pour l'enseignement théologique, le caractère unique de l'Incarnation doit inspirer tant la pédagogie que la pratique. Les enseignants doivent incarner la présence incarnée du Christ dans leur enseignement, cultivant la profondeur relationnelle, l'écoute spirituelle et l'engagement envers la personne dans sa globalité. La technologie, notamment l'IA, peut faciliter cette tâche, mais elle ne doit jamais la remplacer. L'objectif de la formation n'est pas seulement la compétence, mais la ressemblance avec le Christ, un cheminement qui ne peut jamais être confié à des machines.

En fin de compte, la christologie nous ancre dans une vision de l'humanité qui n'est pas menacée par l'IA, mais clarifiée par elle. Plus nous réfléchissons à ce que l'IA ne peut pas faire (incarner, compatir, souffrir, racheter), plus nous sommes attirés vers le mystère et le miracle du Verbe fait chair. Face à l'intelligence désincarnée, l'Église proclame un Seigneur crucifié et ressuscité qui entre pleinement dans la condition humaine et nous invite à faire de même.

Conclusion
Vers une théologie perspicace de l'IA

L'IA oblige la théologie à poser de vieilles questions sous de nouvelles formes. Elle bouleverse les catégories héritées et exige une réponse prudente, critique et imaginative. L'enseignement théologique doit résister à l'adoption acritique et au rejet par peur. Il doit plutôt former des leaders capables de réfléchir théologiquement à la technologie, de parler prophétiquement de justice et de responsabilité, et de vivre avec espoir dans un monde où les machines peuvent penser, mais où seuls les humains peuvent aimer.

Alors que nous avançons vers cet avenir façonné par l'IA, la tâche de la théologie demeure: proclamer l'Évangile, affirmer la dignité humaine et témoigner du Dieu qui s'est fait chair (et non code) pour la vie du monde.

Chapitre 3
Au-delà du techno-optimisme et de la peur
Une réponse morale chrétienne à l'IA

Introduction
Maintenir la tension

L'intelligence artificielle (IA) suscite à la fois un optimisme exacerbé et une peur paralysante. Certains la présentent comme la solution aux plus grands défis de l'humanité, de l'éradication des maladies à l'atténuation du changement climatique. D'autres mettent en garde contre les risques existentiels, le chômage de masse et l'érosion de la dignité humaine. Au sein de la formation théologique, ces extrêmes se retrouvent souvent: l'un envisage l'IA comme un nouveau partenaire du ministère, tandis que l'autre la perçoit comme une menace dangereuse pour la foi et la formation. Ce chapitre soutient qu'une réponse morale chrétienne à l'IA exige de dépasser l'acceptation aveugle et le rejet réactionnaire, pour cultiver une attitude de discernement ancrée dans l'espérance, la justice et l'humilité.

L'intensité du discours actuel n'est pas fortuite. L'IA est rapidement devenue un symbole culturel qui concentre les espoirs et les craintes les plus profonds de l'humanité quant à son avenir. Aux yeux des optimistes, l'IA apparaît comme la prochaine étape du progrès humain, un outil qui éliminera l'inefficacité, développera les capacités humaines et peut-être même surmontera la mortalité elle-même. Aux yeux des pessimistes, l'IA incarne nos pires angoisses: le remplacement des travailleurs par des machines, la manipulation de la vérité par des médias synthétiques et le spectre de machines dépassant le contrôle humain. Ces récits contradictoires opèrent souvent avec une ferveur quasi religieuse, offrant des visions de salut ou de malheur qui façonnent la façon dont les sociétés imaginent leur destin.

Pour les chrétiens, le défi est de résister à l'un ou l'autre extrême. L'Évangile n'appelle pas l'Église à un optimisme naïf quant à l'ingéniosité humaine, ni au désespoir face aux bouleversements technologiques. Il nous appelle plutôt à l'espérance ancrée dans la souveraineté de Dieu, à la justice ancrée dans la sollicitude de Dieu pour les plus vulnérables, et à l'humilité fondée sur la reconnaissance que nous sommes des créatures et non des créateurs du salut. La tâche n'est donc pas de choisir entre l'optimisme et la peur, mais d'apprendre à vivre la tension entre les deux, en discernant comment Dieu pourrait être à l'œuvre face aux changements technologiques.

L'enseignement théologique a ici une responsabilité particulière. Les séminaires ne sont pas seulement des lieux de formation intellectuelle, mais aussi des laboratoires d'imagination morale. Ils doivent former des leaders capables d'aborder l'IA sans l'idolâtrer ni s'en détourner, des leaders capables de penser de manière critique, d'agir avec compassion et de s'exprimer de manière prophétique dans des communautés confrontées à la présence de l'IA dans leur quotidien. Cela exige un ancrage profond dans la tradition morale chrétienne et le courage de l'appliquer à des situations inédites.

Ce qui suit dans ce chapitre n'est pas un ensemble de directives techniques ou de jugements simplistes, mais une invitation au discernement moral. En examinant les tentations du techno-optimisme, les dangers de la peur et du fatalisme, ainsi que les vertus de la justice, de l'humilité et de l'espérance, nous chercherons à tracer une voie au-delà des extrêmes. Cette voie ne consiste ni à bénir ni à maudire la technologie d'emblée, mais à vivre fidèlement dans la complexité de notre époque, confiants que l'Esprit de Dieu continue de guider l'Église vers la vérité, même à l'ère de l'intelligence artificielle.

Les tentations du techno-optimisme

Le techno-optimisme considère l'IA comme une force quasi messianique capable d'inaugurer une nouvelle ère d'épanouissement humain. Dans cette vision, la technologie n'est pas un simple outil, mais le moteur du salut. Cet optimisme découle souvent des idéaux de progrès, d'efficacité et de maîtrise des Lumières. Dans le ministère et l'éducation, cet état d'esprit se manifeste par la conviction que l'IA peut résoudre les défis pastoraux, démocratiser la connaissance théologique et apporter des solutions évolutives pour le discipulat mondial.

L'attrait du techno-optimisme est compréhensible. La rapidité et la sophistication de l'IA semblent prometteuses de percées dans les domaines de la santé, de la climatologie et de la coordination sociale, susceptibles d'améliorer considérablement la qualité de vie. Au sein de l'Église, elle semble offrir la possibilité de toucher un public plus large, de traduire instantanément les Écritures en plusieurs langues ou d'offrir un accompagnement pastoral personnalisé grâce à des assistants virtuels. Ces possibilités suscitent un véritable enthousiasme quant aux possibilités offertes par la technologie pour la mission du peuple de Dieu.

Pourtant, un optimisme débridé risque de se transformer en idolâtrie. En plaçant notre confiance absolue dans l'IA, nous transférons subtilement notre espoir de l'œuvre rédemptrice de Dieu vers l'ingéniosité humaine. La tentation ici n'est pas simplement technologique, mais théologique: croire que le progrès lui-même est salvateur. En ce sens, le techno-optimisme fonctionne comme une eschatologie laïque, promettant un avenir racheté non par le Christ, mais par les algorithmes et l'innovation. Une telle vision déforme l'Évangile et risque d'entraîner les communautés dans une confiance mal placée.

De plus, le techno-optimisme ignore souvent les coûts cachés du développement technologique. L'énorme quantité d'énergie nécessaire pour alimenter les systèmes d'IA contribue à la dégradation de l'environnement. L'exploitation de travailleurs à bas salaires qui étiquetent les données d'apprentissage révèle le coût humain d'une technologie prétendument "sans friction". Et la concentration du pouvoir entre les mains d'une poignée d'entreprises révèle les dangers des déséquilibres économiques et politiques. En adoptant l'IA sans la critiquer, l'Église risque de s'aligner sur des systèmes qui perpétuent l'injustice.

Dans le domaine de la formation théologique, cette tentation peut être subtile. Professeurs et administrateurs peuvent considérer l'IA comme un moyen de remédier à la baisse des inscriptions, de réduire la charge de travail ou d'élargir l'offre de cours sans investir suffisamment dans le corps professoral. Les étudiants peuvent être tentés de considérer les outils d'IA comme des substituts à une étude approfondie, s'appuyant sur eux pour des réponses instantanées plutôt que de cultiver la patience et l'humilité nécessaires à la recherche théologique. Dans les deux cas, l'attrait de l'efficacité menace d'éroder les objectifs plus profonds de formation, de sagesse et de fidélité.

Pour résister à la tentation du techno-optimisme, les communautés chrétiennes doivent réaffirmer que la technologie est un moyen, et non une fin. L'IA peut contribuer au ministère et à l'éducation, mais elle ne peut remplacer les pratiques de présence, de prière, de discernement et de vie communautaire qui sont au cœur de la vie chrétienne. Elle peut être un outil précieux, mais elle ne peut être notre sauveur. Ce n'est qu'en maintenant cette distinction claire que l'Église pourra exploiter les dons de la technologie sans succomber à ses fausses promesses.

Les dangers de la peur et du fatalisme

D'autre part, la peur nourrit souvent des discours qui présentent l'IA comme une menace inéluctable, menaçant l'identité humaine, son autonomie, voire sa survie. Ces craintes ne sont pas infondées; l'IA a déjà perturbé l'économie, porté atteinte à la vie privée et transformé la vie politique.

Dans le ministère, la peur se manifeste par une résistance à la technologie en général, ancrée dans l'angoisse que l'IA ne diminue le rôle du clergé, ne banalise les pratiques sacrées ou ne remplace la présence humaine.

Cette peur, cependant, peut rapidement se transformer en fatalisme, l'Église partant du principe que rien ne peut être fait pour façonner ou contrer la trajectoire du développement technologique. Les communautés peuvent se replier sur elles-mêmes, nostalgiques d'un passé prétendument plus pur, ou se retirer complètement de tout engagement significatif, présumant que l'IA corrompra inévitablement la culture et la foi humaines. De telles attitudes, bien que compréhensibles, sont finalement paralysantes. Elles empêchent l'Église d'imaginer des manières fidèles de naviguer dans le présent et la privent du courage de parler prophétiquement de justice, de dignité et d'espoir.

Il est important de reconnaître que la peur naît souvent de blessures et d'expériences réelles. Les travailleurs licenciés par l'automatisation, les personnes victimes de biais algorithmiques ou les fidèles inquiets de la surveillance ont tous des inquiétudes légitimes. Le danger ne réside pas dans le fait de reconnaître ces réalités, mais dans le fait de les laisser dicter une attitude de désespoir. La peur, laissée sans contrôle, risque de déformer le témoignage chrétien en favorisant la suspicion, l'isolement et la passivité au détriment de l'amour, de la confiance et de l'audace.

Une attitude purement craintive envers l'IA sous-estime également la souveraineté de Dieu. La théologie chrétienne affirme qu'aucune force technologique, aussi puissante soit-elle, n'opère en dehors de la providence divine. Vivre dans la peur, c'est oublier le témoignage biblique selon lequel rien ne peut nous séparer de l'amour de Dieu en Jésus-Christ. Lorsque les communautés succombent au fatalisme, elles nient de fait l'espoir de la résurrection et la présence continue de l'Esprit dans le monde.

L'antidote à la peur n'est pas un optimisme naïf, mais un courage fondé sur la foi. Plutôt que de se replier sur soi-même, l'Église est appelée à s'engager de manière critique, prophétique et créative. La peur doit se transformer en vigilance, alimentant un discernement attentif et une résistance éthique si nécessaire. Le témoignage de l'Église à l'ère de l'IA ne consiste pas à se laisser abattre par l'anxiété, mais à incarner l'espérance, montrant que même face à de profondes perturbations technologiques, le royaume de Dieu est proche.

Vers le discernement
Un cadre moral chrétien

Une réponse fidèle à l'IA exige de cultiver le discernement, une vertu profondément ancrée dans la tradition chrétienne. Le discernement implique une écoute attentive de l'Esprit de Dieu, une évaluation attentive des circonstances et une imagination morale façonnée par les Écritures et la tradition. Plutôt que de se demander simplement: "L'IA est-elle bonne ou mauvaise?", le discernement demande: "Comment cette technologie nous façonne-t-elle? À qui sert-elle? Comment s'aligne-t-elle ou s'oppose-t-elle aux desseins de justice, de miséricorde et de réconciliation de Dieu?"

En pratique, le discernement exige de ralentir le rythme des réactions afin de percevoir clairement les conséquences plus larges de l'adoption des technologies. Il exige de prêter attention non seulement aux capacités techniques de l'IA, mais aussi à ses récits culturels, à ses structures économiques et à son impact social. Cela signifie que les Églises et les séminaires doivent créer des espaces où les communautés peuvent s'interroger sur la signification théologique de la technologie, en s'interrogeant non seulement sur ses effets, mais aussi sur le type de personnes qu'elle forme.

Le discernement implique également d'écouter les voix des personnes les plus touchées par les changements technologiques, de se laisser guider par la sagesse de la tradition chrétienne et de prêter attention à l'inspiration de l'Esprit dans la prière et le culte. Il s'agit d'une tâche communautaire plutôt qu'individuelle, ancrée dans des pratiques de responsabilisation et guidée par des engagements communs envers l'Évangile. En considérant le discernement comme une pratique communautaire, l'Église résiste à la tendance à confier la prise de décision à des experts ou à se fier uniquement à des évaluations techniques.

Il est important de noter que le discernement est un processus continu. À mesure que les technologies évoluent, la réflexion morale de l'Église doit évoluer. Ce qui semblait anodin hier peut se révéler néfaste demain, et ce qui semblait autrefois menaçant peut devenir une occasion de témoignage et de service. Le discernement donne aux dirigeants non pas des réponses statiques, mais les habitudes de pensée et de prière nécessaires pour naviguer avec fidélité dans des environnements changeants.

L'objectif du discernement n'est pas seulement d'éviter le mal, mais de rechercher le bien, d'imaginer comment l'IA pourrait être utilisée de manière à refléter l'amour de Dieu et du prochain. Cela exige une créativité morale: la volonté d'envisager des utilisations alternatives de la technologie qui privilégient la dignité humaine, le bien-être de la communauté et l'épanouissement de la création. Ainsi, le discernement devient une pratique porteuse d'espoir, guidant l'Église non seulement dans sa critique, mais aussi dans son engagement constructif envers l'IA.

La justice et l'option préférentielle pour les personnes vulnérables

L'éthique chrétienne accorde une importance particulière à la sollicitude de Dieu envers les pauvres, les marginalisés et les opprimés. Toute réponse théologique à l'IA doit donc s'interroger sur l'impact de ces technologies sur les plus vulnérables. Les systèmes d'IA accentueront-ils les inégalités économiques en concentrant les richesses entre les mains de quelques-uns, ou pourront-ils être exploités pour élargir l'accès à l'éducation, aux soins de santé et aux opportunités? Les technologies de surveillance serviront-elles à protéger les communautés ou à les exploiter et les contrôler?

L'option préférentielle pour les plus vulnérables appelle l'Église à considérer l'IA non pas d'abord sous l'angle de l'efficacité ou de la rentabilité, mais à travers le regard de ceux qui risquent d'être les plus touchés ou exclus. Cela implique de s'interroger sur l'impact de l'automatisation sur les travailleurs à bas salaires, sur l'impact de la police prédictive sur les communautés de couleur et sur la manière dont les algorithmes biaisés influencent l'accès au logement, à l'emploi ou à la justice. Cela implique également de reconnaître le travail caché derrière l'IA, souvent effectué par des travailleurs sous-payés du Sud qui étiquettent les données, modèrent les contenus ou exploitent les ressources qui alimentent les infrastructures numériques.

Une réponse théologique façonnée par la justice ne se limite pas à la critique, mais s'oriente vers le plaidoyer et l'imagination. L'Église est appelée à remettre en question les politiques et les pratiques qui exploitent les populations vulnérables, tout en promouvant des technologies favorisant l'équité et l'inclusion. Par exemple, l'IA pourrait être développée pour améliorer l'accessibilité des personnes handicapées, fournir des outils de traduction en langues minoritaires lors des cultes ou distribuer des ressources éducatives dans les contextes défavorisés. Ces perspectives constructives révèlent que la justice ne se limite pas à résister aux préjugés, mais qu'elle favorise aussi les possibilités d'épanouissement.

L'enseignement théologique joue un rôle crucial dans ce processus. Les futurs dirigeants doivent être formés pour analyser les dimensions éthiques de l'IA, en plaçant l'option préférentielle pour les plus démunis au cœur de leur réflexion. Cela implique d'intégrer des cours sur la technologie et la justice, de dialoguer avec les communautés marginalisées et de cultiver des habitudes de plaidoyer parallèlement à la prière. Il est nécessaire de former des dirigeants qui non seulement comprennent les algorithmes, mais qui incarnent également la solidarité envers ceux qui souffrent de leur mauvaise utilisation.

En fin de compte, la justice exige que l'Église considère l'IA non pas comme un outil neutre, mais comme un terrain moral profond. Chaque choix de conception, chaque ensemble de données et chaque décision de déploiement a des conséquences pour les personnes, en particulier celles qui sont déjà en marge de la société. Être aux côtés des plus vulnérables, c'est être aux côtés du Christ lui-même, qui s'est identifié aux plus démunis. À l'ère de l'IA, cela signifie qu'une Église fidèle ne peut se taire, mais doit être une voix prophétique en faveur de l'équité, de la dignité et de la compassion.

L'humilité et les limites du contrôle humain

L'IA confronte l'humanité aux limites de son propre contrôle. À mesure que les systèmes gagnent en complexité et en autonomie, l'illusion de la maîtrise cède la place à la réalité de l'incertitude. Pour la théologie chrétienne, il ne s'agit pas seulement d'un problème, mais d'un rappel d'une vérité plus profonde: nous ne sommes pas des dieux. L'humilité devient donc une vertu essentielle pour appréhender l'IA. Elle tempère à la fois l'orgueil du techno-optimisme et le désespoir du fatalisme, enracinant notre réflexion morale dans la confiance en la providence divine.

L'humilité nous rappelle que notre savoir est partiel et notre pouvoir fragile. Aussi sophistiqués soient-ils, les systèmes d'IA restent des artefacts de conception humaine, marqués par leurs limites, leurs biais et leurs conséquences imprévues. Reconnaître cela ne devrait pas nous conduire à l'arrogance dans nos créations, mais à la gratitude et à la prudence. L'humilité reconnaît que la technologie peut accroître les capacités humaines, mais ne peut garantir ni la justice, ni la sagesse, ni le salut. Ce sont des dons qui ne viennent que de Dieu.

En pratique, l'humilité exige une ouverture à la critique et à la correction. Elle exige que les communautés résistent à la tentation de prétendre être certaines de la trajectoire de l'IA ou de présumer que nous pouvons prédire et contrôler tous les résultats. Nous sommes plutôt appelés à cultiver la flexibilité, la vigilance et la responsabilité dans la manière dont nous concevons et utilisons ces outils. L'humilité nous invite à reconnaître les défaillances de nos technologies, à nous repentir lorsqu'elles sont néfastes et à nous adapter lorsqu'elles ne servent pas la dignité humaine.

Pour l'enseignement théologique, enseigner l'humilité face à l'IA implique à la fois une formation intellectuelle et une pratique spirituelle. Les étudiants doivent apprendre non seulement les dimensions techniques et éthiques de l'IA, mais aussi les disciplines spirituelles qui maintiennent l'être humain ancré dans sa dépendance à Dieu. La pratique de la prière, de la confession et du discernement communautaire aide à résister à l'illusion de la maîtrise et à orienter les dirigeants vers le service plutôt que vers le contrôle. L'humilité devient ainsi non seulement une vertu individuelle, mais une posture collective qui façonne les institutions et les ministères.

L'humilité recadre également le débat sur l'innovation. Au lieu de se demander à quelle vitesse nous pouvons développer ou déployer de nouvelles technologies, elle se demande si celles-ci sont conformes aux desseins de Dieu et si elles contribuent à l'épanouissement de toute la création. Elle résiste à la pression culturelle qui associe rapidité et progrès, insistant au contraire sur le fait que la fidélité exige patience, retenue et attention aux plus vulnérables. Ainsi, l'humilité devient une forme de résistance prophétique à la logique d'accélération perpétuelle qui sous-tend une grande partie du développement technologique.

Par-dessus tout, l'humilité nous permet de garder le cap sur Dieu, source de sagesse et de salut. Quel que soit le développement de l'IA, elle ne peut remplacer le rôle de la grâce divine dans la vie humaine. Une approche humble nous libère de la peur et de l'idolâtrie, nous permettant d'aborder l'IA avec esprit critique et créativité, tout en reconnaissant notre dépendance profonde envers Celui qui maintient l'unité de toutes choses.

Conclusion
Un témoin plein d'espoir à l'ère de l'IA

Une réponse morale chrétienne à l'IA doit, en définitive, se fonder sur l'espérance qui découle de la promesse divine d'une nouvelle création. Cette espérance ne nie pas les risques de l'IA ni n'en exagère les promesses, mais les inscrit dans le récit plus vaste de l'œuvre rédemptrice de Dieu dans le monde. Elle appelle l'Église à aborder l'IA avec courage, créativité et compassion, en témoignant de l'Évangile de manière à résister au désespoir et à l'idolâtrie.

Espérons que les témoins commencent par reconnaître les bienfaits et les dangers de l'IA. Ils refusent la tentation de considérer la technologie comme un sauveur ou un ennemi, la considérant plutôt comme une réalité complexe nécessitant un discernement. Cet espoir n'est pas un optimisme passif, mais une confiance active en la présence continue de Dieu dans l'histoire. Il donne à l'Église les moyens d'agir prophétiquement, en remettant en question les systèmes d'exploitation, et pastoralement, en guidant les communautés à travers les incertitudes du changement technologique.

Pour l'enseignement théologique, la tâche consiste à former des leaders capables d'incarner concrètement ce discernement porteur d'espoir. Ils doivent être prêts à utiliser judicieusement les outils d'IA dans leur ministère, que ce soit pour la recherche, l'administration ou la communication, tout en reconnaissant leurs limites. Ils doivent être capables de critiquer les structures sociales et économiques qui concentrent le pouvoir par la technologie et d'imaginer des pratiques incarnant la justice et la miséricorde. Plus important encore, ils doivent être capables de témoigner sans naïveté ni cynisme, mais enracinés dans l'Évangile de Jésus-Christ.

Cette espérance appelle également l'Église à la créativité. Plutôt que de se contenter de réagir aux changements technologiques, les communautés de foi sont invitées à imaginer de nouvelles formes de disciplulat, de culte et de service qui reflètent le royaume de Dieu dans un monde façonné par l'IA. Cela peut inclure la recherche de moyens d'exploiter l'IA pour l'inclusion, l'accessibilité et l'accompagnement, tout en pratiquant des disciplines de résistance là où les technologies menacent d'éroder la dignité humaine ou la vie en communauté. L'espérance ouvre la voie à l'innovation, ancrée non pas dans la peur de l'avenir, mais dans la confiance en la promesse de Dieu.

En fin de compte, l'espérance chrétienne relativise à la fois les promesses et les menaces de l'IA. Les machines peuvent penser, mais seuls les humains peuvent aimer; les algorithmes peuvent calculer, mais seul Dieu rachète. La tâche de l'Église n'est pas de maîtriser toutes les nouvelles technologies, mais de demeurer des témoins fidèles du Dieu qui s'est fait chair pour la vie du monde. Par ce témoignage, l'Église offre une réponse morale singulière à l'IA: une réponse empreinte de discernement, de justice, d'humilité et d'espérance, proclamant que l'avenir n'appartient pas aux machines, mais au Créateur qui renouvelle toutes choses.

Chapitre 4
Justice, pouvoir et discipulat dans la culture algorithmique

Introduction
La condition algorithmique

Nous vivons dans ce que l'on pourrait appeler une culture algorithmique. Les algorithmes guident nos recherches en ligne, gèrent nos flux de médias sociaux, nous recommandent nos achats et influencent de plus en plus nos décisions en matière d'emploi, de santé, de police et de finances. Loin d'être neutres, ces systèmes incarnent les valeurs, les présupposés et les préjugés de leurs créateurs. Ils opèrent au sein de structures de pouvoir qui privilégient souvent les plus riches, renforcent les inégalités raciales et de genre et concentrent l'influence entre les mains de quelques entreprises. Pour l'Église et la formation théologique, ce contexte soulève des questions pressantes: comment les disciples du Christ doivent-ils vivre fidèlement au sein d'une culture algorithmique? À quoi ressemble la justice lorsque le pouvoir est médiatisé par les données et le code?

Ce chapitre explore l'intersection entre justice, pouvoir et discipulat à l'ère de l'IA. Il soutient que les communautés chrétiennes doivent non seulement critiquer les injustices perpétuées par les systèmes algorithmiques, mais aussi cultiver des pratiques de résistance et de témoignage qui incarnent le royaume de Dieu dans la sphère numérique.

Les algorithmes et le mythe de la neutralité

L'un des mythes les plus répandus concernant les algorithmes est qu'ils sont objectifs, impartiaux et purement rationnels. Ils sont façonnés par les données sur lesquelles ils sont entraînés et par les finalités pour lesquelles ils sont conçus. Des données biaisées entraînent des résultats biaisés, que ce soit dans les pratiques de recrutement, la police prédictive ou la prestation de soins de santé. Le mythe de la neutralité occulte la façon dont les algorithmes reproduisent les injustices systémiques déjà présentes dans la société.

Ce mythe persiste car les algorithmes fonctionnent souvent de manière invisible. Leurs décisions semblent transparentes et autoritaires, enveloppées d'une précision mathématique. Pourtant, les processus qui les sous-tendent sont tout sauf neutres. Chaque algorithme reflète les choix humains concernant les données à collecter, leur catégorisation, les modèles à prioriser et les objectifs à optimiser. Ces choix sont inévitablement porteurs d'hypothèses culturelles et de jugements moraux. Par exemple, un algorithme de recrutement entraîné à partir des données d'une entreprise passée peut reproduire les déséquilibres entre les sexes en privilégiant les candidats masculins, non pas parce qu'il est biaisé en soi, mais parce qu'il reflète les biais ancrés dans l'histoire de l'entreprise.

D'un point de vue théologique, le mythe de la neutralité reflète la tentation ancestrale de se fier aux idoles, ces objets apparemment puissants et indépendants, mais en réalité l'œuvre de l'homme. Traiter les algorithmes comme des arbitres neutres de la vérité revient à leur conférer une autorité qu'ils ne méritent pas. Tels des idoles, ils occultent les réalités de l'exploitation et de l'injustice qui les sous-tendent. La tâche de l'Église est de démasquer cette idolâtrie, en rappelant aux communautés que derrière chaque algorithme se cachent des agents humains qui doivent rendre des comptes.

Démasquer le mythe de la neutralité exige également de cultiver de nouvelles formes de littératie. De même que l'Église enseignait autrefois aux croyants à discerner la vérité des fausses prophéties, elle doit aujourd'hui apprendre aux disciples à discerner comment les systèmes numériques façonnent leur perception du monde. Cela implique une conscience critique de la manière dont les flux des réseaux sociaux amplifient certaines voix, dont les moteurs de recherche classent l'information et dont les informations sont organisées par des algorithmes. Un tel discernement est essentiel au témoignage chrétien dans un monde où les algorithmes arbitrent ce que nous voyons, savons et croyons.

L'enseignement théologique a ici une responsabilité. Les séminaires doivent former des leaders capables de voir au-delà des discours sur l'efficacité et l'innovation, et de les outiller pour poser des questions morales et spirituelles plus profondes: à qui profite cet algorithme? À qui est-il lésé? Quelles voix sont amplifiées et lesquelles sont réduites au silence? Ainsi, la réflexion théologique devient une forme de résistance au mythe de la neutralité, insistant sur le fait que la justice, la vérité et la dignité humaine (et non la simple logique informatique) définissent la mesure d'une technologie fidèle.

Le pouvoir à l'ère du Big Data

La culture algorithmique concentre le pouvoir de manière inédite. Une poignée d'entreprises mondiales contrôlent d'immenses quantités de données, façonnant non seulement le comportement des consommateurs, mais aussi le discours politique et l'imaginaire culturel. Les gouvernements, eux aussi, s'appuient de plus en plus sur l'IA pour surveiller les populations, gérer les ressources et faire la guerre. Cette consolidation du pouvoir soulève de profondes questions éthiques quant à la surveillance, l'autonomie et la liberté humaine.

D'un point de vue théologique, de telles concentrations de pouvoir font écho aux avertissements bibliques concernant l'empire. Tout comme Pharaon et César exerçaient leur pouvoir par leur puissance économique et militaire, les empires numériques d'aujourd'hui étendent leur domination par les données et le code. La portée de ces systèmes semble souvent illimitée, déterminant les histoires racontées, les voix amplifiées et la manière dont la vérité elle-même est contestée dans la vie publique. Le pouvoir, autrefois exercé par les frontières physiques et les armées, s'exerce désormais par le biais d'infrastructures numériques qui pénètrent les foyers, les communautés et même les pensées intérieures.

La réflexion théologique nous rappelle que le pouvoir n'est jamais neutre. Lorsque les entreprises décident quelles données collecter et comment les monétiser, elles exercent leur autorité sur l'identité, les choix et les relations de milliards de personnes. Lorsque les gouvernements déploient des technologies de surveillance au nom de la sécurité, ils façonnent les libertés et les vulnérabilités des citoyens. Dans les deux cas, ceux qui détiennent les données exercent une influence disproportionnée sur la vie sociale, créant des dynamiques d'inégalité et de contrôle qui rappellent la domination des empires antiques.

Pour les chrétiens, le danger n'est pas seulement extérieur, mais spirituel. Le pouvoir subtil des systèmes basés sur les données peut façonner nos désirs, nos habitudes et notre imagination, nous éloignant de Dieu et nous poussant vers le consumérisme, la distraction ou le conformisme. Le pouvoir des algorithmes façonne les individus en les incitant à certains achats, positions politiques ou valeurs culturelles. Sans esprit critique, les disciples peuvent être involontairement influencés par des algorithmes plutôt que par le Christ.

La tâche de l'Église est donc double. Premièrement, elle doit dénoncer le pouvoir exercé par les empires numériques et les tenir responsables par le plaidoyer, la critique éthique et le témoignage public. Deuxièmement, elle doit donner l'exemple d'une forme alternative de pouvoir: celui du service, de l'humilité et de l'amour généreux. Tout comme Jésus a redéfini le pouvoir par la croix, l'Église doit incarner des pratiques qui résistent à la domination et affirment la dignité humaine. Cela implique de cultiver la transparence dans son utilisation des données, de plaider en faveur de politiques de protection de la vie privée et de créer des communautés qui privilégient la présence et les relations plutôt que le contrôle et l'efficacité.

La formation théologique joue un rôle central dans ce travail. Les futurs dirigeants doivent être préparés à évoluer dans un paysage où le pouvoir est de plus en plus axé sur les données. Cela implique de les doter d'outils d'analyse critique, mais aussi de les ancrer dans les visions bibliques et théologiques du pouvoir comme intendance plutôt que comme domination. Ainsi, la formation théologique peut former des dirigeants capables de résister aux empires numériques tout en témoignant de la puissance libératrice de l'Évangile.

Justice, partialité et option préférentielle pour les marginalisés

Les injustices de la culture algorithmique ne sont pas réparties équitablement. Les communautés déjà marginalisées sont souvent celles qui souffrent le plus: profilage racial dans les politiques de police prédictives, refus de prêts en raison d'algorithmes de crédit biaisés, exclusion des économies numériques faute d'accès. Une réponse chrétienne doit donc donner la priorité aux expériences des personnes marginalisées. Cela s'inscrit dans le témoignage biblique de la préoccupation préférentielle de Dieu pour les pauvres, les opprimés et les exclus.

Les biais algorithmiques agissent souvent comme le reflet des préjugés sociétaux, mais leurs effets sont amplifiés et accélérés. Lorsque des ensembles de données reflètent des discriminations historiques, les algorithmes qui les utilisent reproduisent ces injustices à grande échelle. Cela peut se traduire par une surveillance disproportionnée des communautés racisées, par des discriminations envers les femmes dans les algorithmes de recrutement ou par une représentation erronée des cultures non occidentales dans les systèmes de traduction automatique. Ce qui semble être une prise de décision efficace ou objective est souvent la mécanisation des inégalités.

La réflexion théologique insiste sur le fait que la justice exige plus que des solutions techniques aux systèmes biaisés. Les biais ne peuvent être éliminés simplement en affinant les bases de données ou en modifiant le code, car ces technologies s'inscrivent dans des structures économiques et politiques plus vastes qui perpétuent l'exclusion. Une réponse fidèle exige une critique systémique et une réforme structurelle. Les chrétiens sont appelés à se montrer solidaires de ceux qui subissent de plein fouet l'injustice algorithmique, en écoutant leurs témoignages, en amplifiant leurs voix et en plaidant pour des politiques qui protègent leurs droits et leur dignité.

Parallèlement, l'option préférentielle pour les personnes vulnérables invite l'Église à imaginer d'autres possibilités. L'IA peut être exploitée à des fins rédemptrices lorsqu'elle est conçue dans un souci d'équité. Elle peut contribuer à fournir des diagnostics médicaux dans les régions mal desservies, créer des ressources d'apprentissage accessibles aux communautés marginalisées ou traduire des textes liturgiques et bibliques dans des langues autochtones longtemps ignorées par les institutions mondiales. En ce sens, la justice ne consiste pas seulement à résister aux préjudices, mais aussi à œuvrer pour l'épanouissement de ceux qui sont souvent négligés.

L'éducation théologique doit intégrer cette perspective axée sur la justice dans la formation de ses dirigeants. Les futurs pasteurs, enseignants et chercheurs doivent être formés à interroger les systèmes algorithmiques non seulement sur leur fonctionnalité, mais aussi sur leur impact sur les plus démunis. Ils doivent être dotés des outils nécessaires pour défendre une gouvernance éthique des technologies, nouer des partenariats avec des organisations locales qui résistent à l'exploitation numérique et élaborer des visions théologiques qui mettent l'accent sur la préoccupation de Dieu pour les opprimés dans les contextes numériques. Ce faisant, ils incarnent l'appel du Christ à rechercher la justice, à aimer la miséricorde et à marcher humblement avec Dieu.

Discipulat dans les espaces numériques

Si la justice et le pouvoir définissent le paysage extérieur de la culture algorithmique, le discipulat définit la posture interne de l'Église en son sein. Être disciple à l'ère numérique, c'est suivre le Christ dans des contextes façonnés par une connectivité constante, une information organisée et une attention marchandisée. Cela exige des pratiques intentionnelles qui résistent à la formation imposée par les algorithmes, des pratiques de repos sabbatique, de discernement communautaire et de présence incarnée.

La culture numérique est profondément formatrice. Les flux des réseaux sociaux façonnent les désirs, les habitudes de comparaison et les rythmes d'attention. Le commerce en ligne incite les gens à s'attendre à une gratification immédiate. Les plateformes de streaming conditionnent les communautés à consommer sans fin plutôt qu'à réfléchir profondément. Toutes ces forces exercent une pression subtile mais puissante sur la façon dont les individus se perçoivent et perçoivent les autres. Sans résistance consciente, les disciples risquent de se conformer aux modèles de la culture numérique plutôt que d'être transformés par le renouvellement de leur esprit en Christ.

Dans ce contexte, le discipulat doit impliquer à la fois la critique et la pratique constructive. La critique consiste à identifier comment les systèmes algorithmiques façonnent l'imagination et le comportement d'une manière qui contredit l'Évangile. La pratique constructive consiste à cultiver des rythmes de vie qui ouvrent un espace à la présence de Dieu. Cela peut inclure le jeûne numérique comme forme de sabbat, la culture intentionnelle du silence et de la prière en contraste avec le bruit de la vie en ligne, ou des alliances communautaires privilégiant les rassemblements physiques aux commodités virtuelles. De telles pratiques rappellent à l'Église que son identité profonde n'est pas façonnée par des algorithmes, mais donnée par le Christ.

L'éducation théologique a un rôle à jouer dans l'élaboration de ces pratiques de disciples. Les séminaires peuvent intégrer l'éducation aux médias à leur formation, en aidant les étudiants à analyser comment les plateformes influencent l'attention et la communauté. Ils peuvent encourager les expérimentations de liturgie numérique qui utilisent la technologie sans se laisser dominer par elle. Ils peuvent également adopter des limites saines en résistant à l'accélération constante de la productivité que promet la technologie. L'objectif est de former des leaders qui soient non seulement des utilisateurs compétents de la technologie, mais aussi des témoins fidèles de son utilisation.

Il est important de noter que le discipulat dans les espaces numériques n'est pas une question de repli sur soi. L'Église primitive n'a pas fui les villes de l'empire, mais y a témoigné, créant des communautés alternatives de grâce et de justice. De même, l'Église d'aujourd'hui est appelée à habiter fidèlement la culture numérique, en s'engageant dans les espaces en ligne avec sagesse, courage et amour. Cela implique de pratiquer la bienveillance dans les échanges en ligne, de résister à la propagation de la désinformation et de cultiver des communautés qui privilégient l'authenticité à la performance. En incarnant de telles pratiques, les disciples offrent un témoignage contre-culturel que les algorithmes ne peuvent pas scénariser.

En fin de compte, être disciple dans les espaces numériques signifie apprendre à se conformer non pas à la logique des données et du code, mais à l'image du Christ. C'est un cheminement de toute une vie, fait d'attention, de discernement et de fidélité communautaire. Dans une culture qui cherche constamment à capter l'attention, les disciples témoignent d'une allégeance différente: leur attention se porte d'abord sur Dieu, dont l'Esprit continue de les former dans l'amour.

Le rôle prophétique de l'Église

Tout au long des Écritures, les prophètes ont appelé le peuple de Dieu à affronter l'injustice, à défier le pouvoir corrompu et à imaginer un avenir différent. À l'ère de l'IA, l'Église est appelée à une vocation prophétique similaire. Il s'agit de dénoncer les idolâtries de l'efficacité, de la productivité et du contrôle qui dominent la culture technologique, et de proclamer au contraire une vision de justice, de miséricorde et d'humilité devant Dieu.

Le rôle prophétique ne se limite pas à des paroles critiques, mais s'étend à des actes concrets de témoignage. L'Église peut résister à la complicité de l'injustice algorithmique en faisant preuve de transparence dans son propre usage des technologies, en veillant à ce que ses pratiques de communication et de traitement des données respectent la dignité de ceux qu'elle sert. Elle peut défendre publiquement les normes éthiques, la protection des données et des pratiques de travail équitables au sein du secteur technologique. Elle peut s'associer aux organisations locales et aux communautés marginalisées les plus touchées par l'exploitation technologique, en amplifiant leurs voix et en se joignant à leurs luttes.

La prophétie implique aussi l'imagination. Les prophètes d'Israël ont non seulement dénoncé la corruption, mais ont aussi imaginé un avenir façonné par la justice et la paix divines. De même, l'Église doit cultiver des pratiques alternatives qui incarnent le royaume de Dieu dans la culture numérique. Cela pourrait passer par la création d'espaces en ligne favorisant un dialogue authentique plutôt que la division, le développement de ressources éducatives permettant aux communautés de résister à la manipulation, ou encore l'adoption d'économies de partage plutôt que d'économies d'extraction. Ce faisant, l'Église offre un aperçu d'un monde où la technologie sert l'épanouissement humain plutôt que la domination.

La tâche prophétique est soutenue par l'adoration et la prière. La critique prophétique risque de devenir véhémente ou désespérante si elle n'est pas ancrée dans l'espérance du règne de Dieu. En fondant son témoignage sur l'adoration, l'Église se rappelle, ainsi qu'au monde, que le pouvoir ultime n'appartient pas aux entreprises, aux gouvernements ou aux algorithmes, mais au Créateur qui appelle toutes choses à l'existence. L'adoration façonne l'imaginaire de l'Église, de sorte que sa voix prophétique n'est pas seulement réactionnaire, mais profondément porteuse d'espoir, témoignant du Dieu qui fait toutes choses nouvelles.

En matière de formation théologique, préparer les dirigeants à cette vocation prophétique implique de les doter d'outils d'analyse culturelle, de raisonnement éthique et de courage pastoral. Les étudiants doivent apprendre à lire les signes des temps, à dire la vérité avec compassion et à incarner la résistance par des pratiques de justice et de solidarité. Ainsi, le rôle prophétique de l'Église devient non pas un idéal abstrait, mais une réalité vécue, transposée dans les salles de classe, les paroisses et les espaces numériques.

Conclusion
Vers une théologie de la justice dans la culture algorithmique

La culture algorithmique confronte l'Église à des questions urgentes de justice, de pouvoir et de formation de disciples. Elle met à nu le mythe de la neutralité, révèle les dangers de la concentration du pouvoir et met en lumière les fardeaux disproportionnés supportés par les personnes vulnérables. Pourtant, elle offre aussi à l'Église des occasions de témoigner de manières nouvelles pour incarner la justice, résister à l'idolâtrie et former des disciples capables de s'engager fidèlement dans les espaces numériques.

Une théologie de la justice dans la culture algorithmique doit donc être à la fois critique et constructive. Elle doit être essentielle pour démasquer la manière dont les algorithmes perpétuent les inégalités systémiques, concentrant le pouvoir de manière à refléter l'empire et à nuire aux marginalisés. Elle doit insister sur le fait que derrière chaque ligne de code se cachent des choix humains qui peuvent et doivent être tenus responsables. Elle doit également être constructive, offrant une vision de la manière dont la technologie peut être orientée vers le bien commun. La justice ne s'obtient pas en abandonnant la culture numérique, mais en la réimaginant et en la remodelant de manière à honorer la dignité humaine et à refléter la préoccupation préférentielle de Dieu pour les opprimés.

Pour l'enseignement théologique, cela signifie former les futurs dirigeants à aborder la culture algorithmique avec courage et créativité. Les dirigeants doivent être capables d'interroger les conséquences sociales et spirituelles de l'IA, de défendre des politiques qui protègent les plus vulnérables et de proposer des pratiques alternatives qui résistent à la domination et incarnent la solidarité. Ils doivent apprendre à concilier analyse et action, critique et espoir, en gardant toujours à l'esprit la vision biblique de la justice comme relation juste avec Dieu, leur prochain et la création.

Le témoignage de l'Église dans la culture algorithmique ne porte pas seulement sur ce à quoi elle s'oppose, mais sur ce qu'elle incarne. En pratiquant la transparence, en cultivant une communauté authentique et en résistant à la marchandisation de l'attention, l'Église peut incarner une autre façon d'être dans le monde numérique. En défendant l'équité, en protégeant les personnes vulnérables et en amplifiant les voix marginalisées, elle peut accomplir la justice divine ici et maintenant. Ainsi, l'Église proclame que sa loyauté ultime n'est pas envers les données, les algorithmes ou les empires numériques, mais envers le Dieu de justice qui appelle toute la création à la liberté et à l'épanouissement.

En définitive, la théologie de la justice dans la culture algorithmique est fondée sur l'espérance. Elle croit que l'Esprit de Dieu est à l'œuvre même au sein des complexités de la vie numérique, guidant l'Église à témoigner fidèlement. Elle proclame que la justice n'est pas le fruit de l'innovation humaine, mais le don du règne de Dieu qui s'instaure dans le monde. Et elle engage l'Église à vivre comme une communauté de disciples qui, même à l'ombre des algorithmes et des empires, osent imaginer et incarner la liberté du royaume de Dieu.

Chapitre 5
Discerner l'agence et la responsabilité dans les relations homme-IA

Introduction
Qui agit, qui décide?

À mesure que l'intelligence artificielle s'intègre de plus en plus aux processus décisionnels, les questions d'agence et de responsabilité se posent. Lorsqu'un système d'IA diagnostique un patient de manière erronée, approuve un prêt de manière inéquitable ou recommande des stratégies policières biaisées, qui est responsable? Est-ce le développeur, l'utilisateur, l'institution qui déploie le système ou l'algorithme lui-même qui est en cause? La complexité de ces questions nécessite un engagement théologique, car elles touchent à des questions profondes de liberté humaine, de responsabilité morale et de signification de l'agence.

Ce chapitre explore comment la théologie chrétienne peut nous aider à discerner l'agentivité et la responsabilité dans un monde où les acteurs humains et artificiels sont profondément imbriqués. En examinant la nature de l'agentivité, le problème des écarts de responsabilité et les ressources théologiques disponibles pour encadrer la reddition de comptes, nous pouvons commencer à élaborer une réponse fidèle aux défis moraux de l'IA.

La nature de l'agence
Humain et artificiel

L'agentivité a traditionnellement été comprise comme la capacité d'agir intentionnellement, guidé par la raison et la volonté. Les êtres humains, créés à l'image de Dieu, exercent leur agentivité non seulement par le calcul rationnel, mais aussi par la délibération morale, la responsabilité relationnelle et la vocation spirituelle. L'agentivité humaine est façonnée par la liberté, la responsabilité et la possibilité du péché et de la grâce. Elle ne se réduit pas à des finalités fonctionnelles, mais est orientée vers l'amour de Dieu et du prochain, ancré dans l'histoire, la culture et la communauté.

Les systèmes d'IA, en revanche, fonctionnent par inférence statistique, reconnaissance de formes et objectifs programmés. Ils peuvent simuler la prise de décision, mais manquent d'intentionnalité, de conscience de soi ou de préoccupation morale. Un algorithme peut "décider" quelle publicité afficher ou quel traitement médical recommander, mais ces décisions sont générées par des modèles probabilistes plutôt que par une véritable compréhension. L'IA n'éprouve ni désir, ni conscience, ni transcendance. Elle ne peut être tenue responsable au sens théologique du terme, car elle n'est pas une personne; elle est dépourvue d'âme, de profondeur relationnelle et de capacité d'alliance.

Cette distinction est d'une importance capitale pour la théologie. Attribuer une capacité d'action à l'IA au même titre qu'aux êtres humains risque de confondre simulation et personnalité. Le danger réside dans l'anthropomorphisation des machines, la projection de traits humains sur elles et, par là même, l'occultation de la dignité unique des êtres humains. Traiter les algorithmes comme des acteurs dotés de volontés propres risque à la fois de surestimer leur autonomie et de sous-estimer notre propre responsabilité.

Parallèlement, l'IA façonne de plus en plus les conditions de l'action humaine. Une application de navigation guide les conducteurs, un algorithme gère les flux d'actualités et un modèle prédictif guide les décisions judiciaires. Dans ces cas, l'action humaine s'exerce par médiation technologique. Les décisions restent prises par des humains, mais elles sont encadrées, influencées ou contraintes par des algorithmes. Cette intrication complexifie notre conception de la responsabilité, car l'IA agit comme un puissant médiateur des choix humains.

D'un point de vue théologique, nous pourrions considérer l'IA moins comme un agent que comme un outil qui amplifie l'action humaine, pour le meilleur comme pour le pire. Tout comme une épée amplifie le pouvoir de nuire de l'homme et une charrue celui de cultiver, l'IA amplifie le pouvoir de décision, de prédiction et d'influence de l'homme. Son impact dépend des intentions et des structures de ceux qui la conçoivent et la déploient. Ce cadre met l'accent sur la responsabilité humaine tout en reconnaissant la manière profonde dont l'IA transforme le paysage de l'action morale.

Lacunes en matière de responsabilité et responsabilité morale

L'un des défis éthiques les plus pressants dans le débat sur l'IA est le problème des "lacunes de responsabilité". Lorsqu'un système d'IA agit de manière inattendue ou néfaste, il peut être difficile d'en attribuer la responsabilité. Les développeurs peuvent prétendre ne pas avoir anticipé les conséquences, les utilisateurs peuvent insister pour se contenter de suivre les recommandations, et les institutions peuvent arguer qu'elles se sont appuyées sur leur expertise technique. Il en résulte une dispersion des responsabilités qui laisse les victimes sans recours et les auteurs déresponsabilisés.

D'un point de vue théologique, cette diffusion de la responsabilité fait écho à la tendance humaine ancestrale à se soustraire à ses responsabilités. Du rejet de la faute par Adam et Ève au jardin d'Éden au lavage des mains de Pilate avant la crucifixion, les Écritures montrent comment les humains rejettent la culpabilité sur les autres. L'IA introduit de nouvelles complexités, mais la conviction théologique demeure que la responsabilité ne peut être dissoute dans les machines. Les êtres humains, en tant qu'agents moraux, restent responsables des outils qu'ils créent et utilisent.

Les écarts de responsabilité sont particulièrement dangereux, car ils érodent la confiance. Si les communautés ne peuvent identifier les responsables des préjudices subis, la justice et la réconciliation sont compromises. Les victimes de préjudices causés par les algorithmes, comme celles qui se voient refuser un logement, sont ciblées à tort par les forces de l'ordre ou reçoivent un diagnostic erroné d'IA médicale, peuvent se retrouver prises dans un réseau d'excuses où personne n'assume la responsabilité. Théologiquement, une telle abdication de responsabilité va à l'encontre de l'appel de Dieu à la vérité, à la confession et au repentir.

L'éthique chrétienne insiste sur le fait que la responsabilité est relationnelle. Nous sommes responsables non seulement de nos actes directs, mais aussi des effets de nos choix sur autrui. Cela signifie que la responsabilité en matière d'IA doit être partagée à plusieurs niveaux: les concepteurs doivent prendre en compte les conséquences prévisibles de leurs systèmes, les institutions doivent évaluer la justesse de leur déploiement et les utilisateurs doivent faire preuve de discernement dans la manière dont ils suivent les recommandations algorithmiques. Nier ou occulter la responsabilité revient à trahir les liens d'alliance qui unissent les humains devant Dieu.

De plus, les lacunes en matière de responsabilité révèlent souvent des injustices structurelles. Les grandes entreprises peuvent revendiquer leur immunité grâce à des chaînes d'approvisionnement complexes, tandis que les ingénieurs individuels subissent la pression des priorités des entreprises. Les utilisateurs, manquant d'expertise, peuvent s'en remettre aveuglément aux résultats de l'IA, tandis que les gouvernements peinent à réguler l'évolution rapide des technologies. Dans ce contexte, la responsabilité risque de se perdre dans la complexité bureaucratique. Le rôle de l'Église est d'insister sur le fait que la responsabilité reste à la fois personnelle et collective, et que les structures doivent être conçues pour protéger les plus vulnérables et demander des comptes aux puissants.

En pratique, cela peut impliquer de plaider en faveur de cadres de responsabilité plus clairs dans les lois et les politiques, afin de garantir que la responsabilité des préjudices ne puisse être éludée par des appels à la complexité. Cela peut également impliquer de cultiver une culture de transparence au sein des institutions, où les implications éthiques du déploiement de l'IA sont ouvertement débattues et évaluées. Pour les chrétiens, cela nécessite d'incarner des pratiques de confession, de repentance et de réconciliation, en incarnant une approche de la gestion des préjudices qui n'évite pas la faute, mais vise la réparation.

Péché, pouvoir et médiation technologique

Les systèmes d'IA ne sont pas des instruments neutres. Ils incarnent les valeurs, les hypothèses et les limites de leurs créateurs. Lorsqu'ils perpétuent les préjugés, renforcent les inégalités ou permettent la surveillance, ils reflètent le péché humain véhiculé par la technologie. Cette reconnaissance résiste à la tentation de traiter l'IA comme un acteur moral indépendant et place plutôt la responsabilité au sein des communautés humaines et des systèmes de pouvoir.

La doctrine du péché nous aide à comprendre que les dommages technologiques ne sont pas accidentels, mais qu'ils trouvent souvent leur origine dans nos passions désordonnées: le profit prime sur la justice, l'efficacité sur la compassion, le contrôle sur l'humilité. L'IA amplifie ces tendances en les rendant évolutives et moins visibles. Une pratique de recrutement biaisée, autrefois observée dans un seul bureau, peut désormais être reproduite sur des milliers de candidatures grâce à des filtres algorithmiques. En ce sens, l'IA peut être perçue comme un multiplicateur du péché humain, amplifiant les injustices tout en dissimulant la culpabilité humaine sous une apparence d'objectivité.

Le péché opère aussi structurellement, et pas seulement individuellement. Tout comme l'Écriture condamne les dirigeants injustes et les systèmes d'exploitation, l'Église doit elle aussi s'attaquer aux injustices systémiques inhérentes à l'IA. Ces systèmes sont souvent développés dans des cadres économiques qui privilégient la rapidité, la domination et la part de marché, laissant peu de place à la réflexion éthique. Ils sont déployés dans des contextes politiques qui privilégient la sécurité et le contrôle, souvent au détriment des plus vulnérables. De tels schémas font écho aux critiques bibliques de l'empire, où le péché collectif se manifeste par des institutions oppressives.

Parallèlement, la réflexion théologique insiste sur le fait que la médiation technologique du péché n'exonère pas les agents humains de toute responsabilité. Il est tentant d'affirmer que les algorithmes ont "pris" des décisions biaisées ou que les systèmes ont causé des dommages "involontairement". Mais la théologie chrétienne résiste à ces échappatoires. Le péché n'est pas une simple erreur de calcul, mais une distorsion de la relation à Dieu et au prochain. Lorsque la technologie médiatise l'injustice, c'est parce que les humains l'ont conçue, mise en œuvre ou tolérée. Affronter le péché dans l'IA, c'est s'attaquer aux choix et aux structures humaines qui permettent à l'injustice de perdurer.

L'Église a un rôle unique à jouer pour nommer ces réalités. En identifiant l'IA comme un vecteur du péché, elle expose les dimensions personnelles et structurelles de l'injustice technologique. Elle appelle les individus à la repentance, les institutions à la réforme et les sociétés à la responsabilité. Elle nous rappelle également que le péché n'a pas le dernier mot. La grâce, la réconciliation et le renouveau demeurent possibles, même à l'ère du numérique. Cette conviction permet aux chrétiens de s'opposer sans désespoir aux abus de pouvoir de l'IA, confiants que l'œuvre rédemptrice de Dieu peut transformer même les outils brisés de l'invention humaine.

Vers une théologie de la responsabilité en IA

La théologie chrétienne offre des ressources pour concevoir la responsabilité de manière à résister à l'abdication comme à l'excès. Premièrement, l'*imago Dei* fonde la responsabilité humaine sur notre vocation unique de gardiens de la création. Nous sommes appelés à exercer notre domination non pas comme domination, mais comme soin, en veillant à ce que la technologie serve l'épanouissement de toute la création. Cela nous rappelle que notre capacité à inventer et à déployer l'IA n'est pas moralement neutre, mais une mission sacrée, à exercer avec humilité et vigilance.

Deuxièmement, la doctrine de l'alliance met l'accent sur la responsabilité relationnelle. De même qu'Israël était lié par une responsabilité d'alliance envers Dieu et son prochain, les humains sont liés les uns aux autres dans la conception et le déploiement de l'IA. Chaque choix algorithmique a des conséquences relationnelles: il affecte les travailleurs qui alimentent les données, les utilisateurs qui dépendent des résultats et les communautés façonnées par sa mise en œuvre. L'alliance nous rappelle que la responsabilité n'est pas un fardeau juridique abstrait, mais un lien moral et spirituel qui nous lie au bien-être d'autrui.

Troisièmement, la croix du Christ révèle la radicalité de la responsabilité: assumer le prix du péché, et non le sien. Ce modèle sacrificiel appelle les chrétiens à assumer la responsabilité non seulement de leurs actes directs, mais aussi de leur complicité dans des systèmes injustes. Dans un monde dominé par l'IA, cela peut impliquer de reconnaître notre participation à des économies de consommation qui exploitent le travail, ou notre dépendance à des plateformes qui perpétuent la désinformation et la division. Prendre ses responsabilités implique une solidarité coûteuse, en s'associant à ceux qui souffrent des préjudices technologiques et en œuvrant à leur rétablissement.

Ensemble, ces ressources théologiques remettent en question à la fois l'abdication de la responsabilité face aux machines et la désignation des individus comme boucs émissaires. Elles refusent le discours selon lequel "nul n'est responsable" en cas de préjudice, tout en résistant à la tentation de rejeter la faute sur un seul acteur lorsque des forces systémiques sont à l'œuvre. Elles nous invitent plutôt à considérer la responsabilité comme une vocation partagée, ancrée dans l'amour de Dieu et du prochain, exigeant à la fois l'intégrité individuelle et la responsabilité collective.

Une telle théologie de la responsabilité comporte également une dimension d'espoir. Elle nous assure que la responsabilité humaine ne doit pas être assumée seule, mais qu'elle est soutenue par la grâce de Dieu et la puissance de l'Esprit. La responsabilité n'est pas un simple fardeau, mais un appel à agir avec justice, à dire la vérité, à réparer les torts et à construire des systèmes qui reflètent la justice et la miséricorde du Royaume de Dieu. En ce sens, la responsabilité devient un don: l'opportunité de participer à l'œuvre de réconciliation de Dieu, même sur le terrain conflictuel de l'IA.

Implications pour l'éducation théologique

Pour les séminaires et les institutions théologiques, ces réflexions ont des implications pratiques. Les étudiants qui se préparent au ministère doivent être préparés à gérer des situations pastorales où l'IA façonne l'action humaine et le discernement moral. Ils doivent apprendre à poser des questions critiques sur l'action et la responsabilité, à interpréter les écarts de responsabilité à travers des catégories théologiques et à offrir un accompagnement ancré dans la justice et la compassion.

L'enseignement théologique peut y répondre en intégrant des cours qui abordent explicitement la technologie et l'éthique, en établissant des liens entre les doctrines traditionnelles et les défis contemporains. Des études de cas sur l'IA dans les domaines de la santé, de la justice pénale ou du ministère pastoral peuvent aider les étudiants à appréhender des situations concrètes. Un dialogue interdisciplinaire avec des disciplines telles que l'informatique, le droit et la sociologie peut élargir la compréhension des forces sociales qui façonnent l'IA. Ainsi, les séminaires peuvent former des leaders non seulement compétents en théologie, mais aussi experts en technologie.

La formation, cependant, ne peut se réduire à un entraînement intellectuel. Les pratiques spirituelles sont essentielles pour former des leaders capables de naviguer avec humilité et courage dans la complexité morale de l'IA. La prière, la confession et le discernement en communauté cultivent une attitude d'écoute de l'Esprit de Dieu, aidant les leaders à résister à l'orgueil technocratique et au repli sur soi par peur. Ces pratiques rappellent aux étudiants que la responsabilité n'est pas simplement un devoir légal ou professionnel, mais une vocation fondée sur l'amour de Dieu et du prochain.

Les séminaires doivent également faire preuve de responsabilité dans leurs propres pratiques institutionnelles. Cela peut inclure des politiques transparentes sur l'utilisation de l'IA dans l'enseignement et l'administration, des engagements en matière de confidentialité des données des étudiants et des enseignants, et une réflexion critique sur la manière dont les plateformes numériques façonnent la pédagogie. En incarnant une utilisation responsable des technologies, les institutions théologiques montrent à leurs étudiants ce qu'est un engagement fidèle dans la pratique.

Enfin, l'enseignement théologique doit cultiver l'imagination morale. Les étudiants ont besoin d'espace pour imaginer comment l'IA pourrait être mise au service du bien commun, notamment au service des personnes marginalisées et vulnérables. Ce travail imaginatif permet aux futurs dirigeants de dépasser la critique pour s'engager de manière constructive, en proposant des visions prometteuses de la technologie, en accord avec la justice et la miséricorde divines. En dotant les dirigeants d'un discernement critique et d'une imagination créatrice, l'enseignement théologique prépare l'Église à assumer ses responsabilités dans un monde façonné par l'IA.

Conclusion
Assumer ses responsabilités à l'ère de l'IA

À mesure que l'IA se généralise, la tentation de la traiter soit comme un agent autonome échappant au contrôle humain, soit comme un simple outil exonérant ses utilisateurs de toute responsabilité s'accroît. La théologie chrétienne propose une voie plus juste. Elle affirme le caractère unique de l'action humaine, insiste sur la responsabilité face à la complexité et fonde la responsabilité sur l'amour et la responsabilité de l'alliance. Ce faisant, elle donne à l'Église les moyens de témoigner d'un Dieu qui considère l'humanité comme responsable, non pas comme un fardeau, mais comme un appel à agir avec justice, à aimer la miséricorde et à marcher humblement dans un monde où les actions humaines et artificielles sont de plus en plus étroitement liées.

Assumer sa responsabilité à l'ère de l'IA, c'est refuser à la fois l'abdication et le désespoir. Cela implique de rejeter l'idée que personne n'est responsable des préjudices subis, tout en résistant à la tentation de faire porter aux individus le chapeau des échecs liés au péché systémique. L'Église est plutôt appelée à incarner une responsabilité partagée, où institutions, communautés et individus discernent ensemble comment utiliser les technologies avec justice et comment réparer les préjudices subis. Cela exige l'humilité de confesser sa complicité, le courage de dire la vérité au pouvoir et la créativité d'imaginer des alternatives.

À l'ère de l'IA, la responsabilité exige également de la vigilance. Les systèmes d'IA évoluent rapidement et leurs effets se répercutent sur la société de manière souvent imprévue. Vivre de manière responsable, c'est rester attentif, se demander constamment qui en bénéficie, qui en souffre et quelles valeurs sont amplifiées. C'est veiller à ce que l'innovation technologique ne devance pas la réflexion morale et que la dignité humaine demeure au cœur de chaque décision.

En fin de compte, la responsabilité chrétienne est porteuse d'espoir. Elle repose sur la confiance que la grâce de Dieu soutient les efforts humains et que, même dans un monde façonné par les algorithmes, l'Esprit donne à l'Église la force de vivre fidèlement. Assumer sa responsabilité ne consiste pas seulement à gérer les risques, mais à participer à l'œuvre de réconciliation de Dieu. En embrassant cette vocation, l'Église témoigne que la responsabilité n'est pas un fardeau à éviter, mais un don à accueillir, une façon de vivre en communauté avec vérité et amour.

Ainsi, la réponse de l'Église à l'IA devient un témoignage de l'Évangile lui-même. Alors que les humains et les machines sont de plus en plus étroitement liés, le peuple de Dieu est appelé à démontrer que la responsabilité morale ne peut être confiée à des algorithmes. Elle est portée par des communautés de foi qui marchent humblement avec Dieu, recherchent la justice pour les opprimés et incarnent la miséricorde dans un monde avide d'intégrité. Ce faisant, l'Église proclame que, même à l'ère numérique, c'est le Christ qui définit ce que signifie vivre de manière responsable.

Chapitre 6
Pédagogies de la présence à l'ère du désincarné

Introduction
Le défi de la présence

L'essor de l'intelligence artificielle et du numérique a transformé non seulement ce que nous apprenons, mais aussi nos méthodes d'apprentissage. Les salles de classe sont désormais hybrides, les discussions se déroulent sur des plateformes en ligne et les devoirs peuvent être générés ou assistés par des machines. À l'ère de la désincarnation, la présence (la dimension incarnée, relationnelle et spirituelle de l'enseignement et de l'apprentissage) est confrontée à des défis sans précédent. Comment l'enseignement théologique peut-il cultiver une présence authentique alors que les écrans, les algorithmes et les outils d'IA s'immiscent de plus en plus entre enseignants et étudiants?

Ce chapitre explore les pédagogies de la présence comme réponse essentielle aux risques de désincarnation dans une éducation façonnée par l'IA. Il soutient que la présence ne se résume pas à la proximité physique, mais à l'attention, à la relation et à l'imagination sacramentelle. Pour les séminaires et les églises, cultiver la présence dans la pédagogie est essentiel pour former des leaders capables d'incarner l'amour du Christ dans un monde fragmenté et médiatisé.

La perte de présence dans la culture numérique

La culture numérique tend à fragmenter l'attention et à réduire les rencontres incarnées. Les réseaux sociaux réduisent les relations à des images soignées et à des interactions fugaces. L'apprentissage en ligne, bien qu'offrant une certaine flexibilité, peine souvent à reproduire la profondeur du dialogue en face à face. Les outils basés sur l'IA, bien qu'efficaces, peuvent encore éroder le contact humain en canalisant la communication par des systèmes automatisés. Dans de tels contextes, la présence se réduit facilement aux indicateurs de participation: connexions, clics ou temps passé en ligne, plutôt qu'à un engagement réel.

Cette diminution de la présence affecte non seulement la façon dont les individus apprennent, mais aussi leurs interactions. Lorsque les plateformes numériques privilégient la rapidité, la nouveauté et l'efficacité, elles encouragent les habitudes de distraction. Les étudiants peuvent effectuer plusieurs tâches à la fois pendant les cours en ligne, parcourir le contenu au lieu de le méditer, et s'intéresser superficiellement au contenu plutôt qu'à l'approfondir. De même, les enseignants peuvent être tentés de mesurer la réussite en termes de taux d'achèvement ou de production numérique plutôt qu'en termes de transformation et de formation. Il en résulte une érosion de l'attention et de la profondeur relationnelle, essentielles à un enseignement pertinent.

D'un point de vue théologique, cette perte de présence est significative. La tradition chrétienne affirme l'incarnation comme présence de Dieu dans la chair et l'histoire, et le culte est centré sur les pratiques de rassemblement, les sacrements et la prière partagée. Lorsque l'éducation devient désincarnée, elle risque de rompre le lien entre apprentissage et formation, entre savoir et communauté. La présence n'est pas accessoire à l'éducation théologique; elle en est le cœur, car la formation à la ressemblance avec le Christ passe par la vie partagée, le dialogue et la pratique incarnée.

Parallèlement, il est important de reconnaître que la culture numérique n'élimine pas la possibilité de présence, mais redéfinit la manière dont elle doit être cultivée. Le défi ne consiste pas seulement à déplorer ce qui est perdu, mais à discerner comment une présence authentique peut être encouragée, même dans des contextes médiatisés. Cela exige une intentionnalité: créer des rythmes d'attention, résister à la marchandisation des relations et recentrer l'éducation sur la profondeur relationnelle et spirituelle. Ce faisant, l'Église et les institutions théologiques peuvent résister à la réduction de la présence à des indicateurs et la redécouvrir comme une pratique transformatrice.

Fondement théologique de la présence

En théologie chrétienne, la présence n'est pas simplement physique, mais relationnelle et sacramentelle. La présence de Dieu se manifeste par la création, par la Parole et, par excellence, par l'Incarnation du Christ. Le Saint-Esprit rend Dieu présent dans le culte de l'Église, dans les Écritures et dans la vie des croyants. Parler de présence pédagogiquement, c'est donc affirmer qu'enseignement et apprentissage sont plus qu'un simple transfert d'information; ce sont des rencontres où la grâce peut être transmise, les relations approfondies et la transformation nourrie.

L'incarnation offre le fondement théologique le plus solide de la présence. En Christ, Dieu n'est pas resté distant, mais est entré dans la plénitude de la vie humaine, incarnant la solidarité et l'amour. Ce mystère affirme que la véritable présence implique vulnérabilité, empathie et engagement incarné. Pour les enseignants en théologie, cela signifie que l'enseignement ne consiste pas seulement à transmettre des connaissances, mais à incarner la présence de Dieu de manière à inviter les étudiants à une communion plus profonde avec Dieu et entre eux.

Les sacrements éclairent également le sens de la présence. Le pain et le vin, l'eau et l'huile, éléments très ordinaires, deviennent des véhicules de la grâce divine. De même, les pratiques ordinaires d'enseignement (écoute, dialogue, lecture, prière) peuvent devenir sacramentelles lorsqu'elles sont offertes avec attention à l'Esprit de Dieu. La présence est sacramentelle car elle révèle que Dieu agit à travers l'interaction humaine, manifestant sa grâce lors des rencontres quotidiennes.

Cet ancrage théologique incite les éducateurs à résister à la réduction des élèves à des données ou à des résultats. Chaque élève est porteur de l'*imago Dei*, digne de présence, d'attention et de sollicitude. Être présent auprès d'un élève, c'est honorer sa dignité, le considérer non seulement comme un apprenant, mais comme un enfant bien-aimé de Dieu. De même, la présence de l'enseignant n'est pas seulement fonctionnelle, mais formatrice, incarnant la patience, l'hospitalité et la sagesse. En ce sens, la pédagogie devient un lieu de pratique théologique, où la présence participe de la présence de Dieu dans la création.

Enfin, le rôle du Saint-Esprit dans la présence de Dieu nous rappelle que la présence ne peut être ni planifiée ni automatisée. Si la technologie facilite la communication, la véritable présence est un don de l'Esprit, qui se manifeste par l'attention, l'amour et l'ouverture à la transformation. Cela signifie que même dans les classes numériques ou hybrides, la présence est possible lorsque les enseignants et les élèves recherchent la direction de l'Esprit et considèrent leur apprentissage comme une participation à l'œuvre continue de Dieu.

Pratiques de présence dans l'enseignement

Cultiver la présence exige une pratique intentionnelle. Dans les salles de classe, cela peut impliquer de privilégier le dialogue aux cours magistraux, de créer des espaces de silence et de réflexion, et de favoriser la communauté par des rituels de prière partagés. Dans les contextes numériques, la présence peut être cultivée par des pratiques telles que des discussions synchrones qui privilégient l'attention, des retours personnalisés qui témoignent de l'attention et des échanges intentionnels qui résistent à la dépersonnalisation.

Les pratiques de présence commencent par l'attention. Les enseignants peuvent montrer l'exemple en écoutant attentivement, en nommant les élèves et en répondant à leurs questions avec patience. Cette attention transmet de la valeur et affirme la dignité de chaque apprenant. Dans les classes numériques, l'attention peut consister à remarquer les absences ou les silences, à tendre la main aux autres ou à créer des occasions pour les élèves de contribuer de manière adaptée à leur contexte. La présence se développe là où chacun se sent vu et entendu.

Le dialogue est une autre pratique essentielle. L'enseignement théologique s'épanouit lorsque enseignants et étudiants confrontent ensemble les Écritures, la tradition et l'expérience contemporaine. Dans les cours, qu'ils soient en présentiel ou en ligne, le dialogue favorise la présence mutuelle; l'apprentissage devient un cheminement partagé plutôt qu'une transmission à sens unique. La technologie peut favoriser le dialogue par le biais de forums ou de groupes de discussion, mais l'objectif doit toujours être une rencontre authentique, et non une simple activité.

Les rituels incarnés entretiennent également la présence. Une prière partagée au début ou à la fin du cours, des moments de silence, voire des gestes de bénédiction, peuvent marquer l'apprentissage comme une activité sacrée. En ligne, des pratiques simples comme allumer des bougies ensemble, prendre une pause pour réfléchir ou prier devant un écran peuvent rappeler aux participants que la présence ne se limite pas à la proximité physique. Ces pratiques relient la pédagogie au culte, créant des habitudes qui se prolongent au-delà de la salle de classe.

Les outils d'IA peuvent être intégrés sans compromettre la présence s'ils sont conçus comme des supports plutôt que comme des substituts. Par exemple, l'IA peut aider à organiser les supports de cours, à transcrire les cours magistraux ou à assurer la traduction, mais le cœur de la pédagogie doit rester relationnel. Les enseignants doivent être conscients que si l'IA peut faciliter certaines tâches, elle ne peut remplacer l'interaction humaine, au cœur de l'éducation. En fait, attirer l'attention sur ces limites peut constituer en soi un acte pédagogique, rappelant aux élèves ce que les machines ne peuvent pas offrir.

Enfin, la présence exige de la part des enseignants eux-mêmes vulnérabilité et authenticité. Lorsqu'ils partagent leurs propres difficultés, reconnaissent leurs limites et invitent les élèves à une conversation sincère, ils incarnent la présence d'une manière qu'aucune technologie ne peut reproduire. Cette authenticité favorise la confiance et permet aux élèves de s'épanouir pleinement dans la communauté d'apprentissage.

Présence, formation et communauté

Les pédagogies de la présence doivent également tenir compte des objectifs plus larges de la formation théologique: la formation du caractère, de la vocation et de la communauté. La présence ne se limite pas aux relations individuelles, mais vise à façonner une vie communautaire où les étudiants apprennent à porter les fardeaux les uns des autres, à discerner ensemble et à incarner des pratiques de justice et de compassion. À l'ère du désincarné, une telle formation communautaire exige de la créativité (groupes de prière virtuels, récits numériques, culte hybride), mais aussi un engagement envers des rencontres incarnées chaque fois que possible.

La formation à la présence consiste à cultiver des habitudes qui relient l'apprentissage à la vie de disciple. Les pratiques en classe doivent incarner les vertus d'attention, de patience, d'humilité et d'hospitalité, essentielles à la vie chrétienne. Lorsque les élèves font l'expérience de ces vertus incarnées par leurs enseignants et leurs pairs, ils acquièrent non seulement un contenu théologique, mais aussi ce que signifie vivre fidèlement en communauté. Une telle formation les prépare au ministère, où la présence sera mise à l'épreuve dans des contextes de souffrance, de conflit et d'incertitude.

La communauté est une autre dimension essentielle de la présence. L'éducation n'est jamais simplement individuelle, mais toujours communautaire, façonnée par des histoires, des pratiques et des responsabilités partagées. Dans les contextes numériques, le risque d'isolement est élevé: les élèves peuvent se sentir comme des participants anonymes au sein d'un vaste système. Les pédagogies de la présence cherchent à surmonter ce problème en favorisant les projets partagés, la réflexion collaborative et les rituels d'appartenance. Les cohortes en ligne peuvent constituer des communautés de grâce lorsque les enseignants cultivent intentionnellement l'attention et la responsabilité mutuelles.

La présence exige également de prêter attention aux voix marginalisées. Dans les espaces d'apprentissage, qu'ils soient physiques ou numériques, les inégalités d'accès et de participation peuvent facilement être négligées. Cultiver la présence signifie s'assurer que tous les élèves sont vus et entendus, que la diversité des points de vue est respectée et que les personnes menacées d'exclusion sont intégrées à la communauté. Cela fait écho à l'appel biblique à l'hospitalité et à la mission de l'Église d'être un corps où chaque membre est valorisé. La présence, en ce sens, devient une pratique de justice.

Dans son meilleur état, la présence dans la formation théologique est transformatrice, car elle intègre les dimensions intellectuelle, spirituelle et communautaire de la formation. Elle enseigne aux étudiants qu'ils ne sont pas des penseurs isolés, mais des membres d'un corps appelé à témoigner ensemble. Elle démontre que l'éducation ne se résume pas à l'information, mais qu'elle permet de former une communauté reflétant l'amour du Christ. Ainsi, les pédagogies de la présence préparent des leaders capables de transmettre ces pratiques dans les paroisses, les salles de classe et la société au sens large.

L'imagination sacramentelle de la présence

À son niveau le plus profond, la présence dans l'enseignement théologique peut être comprise comme un sacrement. Les sacrements sont des signes qui transmettent la présence divine à travers des éléments ordinaires: le pain, le vin et l'eau. De même, la pédagogie peut devenir sacramentelle lorsqu'elle considère les rencontres d'apprentissage comme des occasions de révéler la grâce de Dieu. Cette imagination aide les éducateurs à considérer même les interactions numériques comme des lieux potentiels de présence, à condition qu'elles soient abordées avec attention, respect et amour.

L'imagination sacramentelle redéfinit les pratiques ordinaires de la classe comme des moments où la présence de Dieu peut être discernée. Une discussion autour d'un texte, le partage d'histoires personnelles ou la prière collective deviennent plus qu'un exercice académique; ils deviennent un signe de l'action de Dieu au sein de la communauté. Même en ligne, lorsque les élèves s'arrêtent pour s'écouter attentivement les uns les autres, ou lorsqu'un enseignant prononce une bénédiction à travers un écran, ces moments peuvent avoir une portée sacramentelle. Ils révèlent que la grâce de Dieu ne se limite pas à l'espace physique, mais nous rejoint dans des rencontres médiatisées.

Cette imagination préserve également du désespoir face à la médiation numérique. S'il est vrai que les écrans peuvent fragmenter la présence, l'imagination sacramentelle insiste sur le fait que Dieu œuvre à travers l'ordinaire et l'imparfait. De même que la grâce divine est transmise par le pain et le vin communs, la grâce peut également être transmise par les connexions numériques lorsqu'elles sont orientées vers la communion et l'amour. Le défi pour les éducateurs est de cultiver des pratiques qui ouvrent un espace à cette présence plutôt que de la fermer par la distraction ou la dépersonnalisation.

Il est important de noter qu'une vision sacramentelle de la présence ne consiste pas à idéaliser la technologie. Elle ne suggère pas que les outils numériques soient intrinsèquement sacrés, mais que la présence de Dieu peut être discernée partout où les gens se rassemblent au nom du Christ. Elle invite les enseignants en théologie à aborder leur pédagogie avec révérence, reconnaissant que chaque interaction est une occasion pour l'Esprit d'agir. Cette redéfinition valorise l'enseignement et l'apprentissage, nous rappelant que l'éducation n'est pas seulement une formation intellectuelle, mais une participation à la présence continue de Dieu dans la création.

En définitive, l'imagination sacramentelle approfondit la pédagogie en situant la présence dans le mystère de l'Incarnation et l'œuvre de l'Esprit. Elle affirme que la présence de Dieu n'est pas abstraite, mais incarnée, relationnelle et transformatrice. Lorsque l'enseignement théologique intègre cette vision, il considère chaque salle de classe (physique ou numérique) comme un lieu sacré, un espace où la présence de Dieu peut être rencontrée dans et à travers la présence humaine.

Conclusion
Présence comme témoin

À une époque où l'IA et les systèmes numériques sont de plus en plus médiatisés, les pédagogies de la présence constituent une forme de témoignage. Elles témoignent que l'éducation ne se réduit pas à l'efficacité, à la productivité ou au transfert d'informations, mais vise à former des personnes en communauté devant Dieu. En cultivant la présence, la formation théologique prépare les dirigeants à incarner l'amour du Christ dans des contextes où la désincarnation et la fragmentation sont la norme.

Parler de présence comme témoignage, c'est affirmer que chaque acte d'attention, chaque pratique d'hospitalité et chaque moment de rencontre authentique témoignent de l'Évangile. Dans un monde où les algorithmes médiatisent l'attention et marchandisent les relations, choisir d'être présent à autrui devient un acte radical. Cela proclame que les êtres humains ne se réduisent pas à des données, mais sont porteurs de l'image de Dieu, dignes d'amour et de dignité.

Ce témoignage s'étend au-delà des salles de classe, à la vie de l'Église et au monde entier. Les responsables formés par les pédagogies de la présence seront préparés à accompagner les paroisses qui négocient également la désincarnation numérique, en proposant des ministères de présence dans les hôpitaux, les forums en ligne, les lieux de travail et les quartiers. Ils sauront résister aux pressions de l'efficacité et de la productivité en privilégiant l'attention, l'écoute et la solidarité incarnée. Ce faisant, ils démontreront que la présence n'est pas seulement une stratégie pédagogique, mais une vocation théologique.

La présence comme témoignage a également une dimension eschatologique. Elle renvoie à la promesse ultime de la présence de Dieu dans la création, à la vision de l'Apocalypse où Dieu demeure avec l'humanité et essuie toute larme. Chaque petit acte de présence anticipe cet avenir, incarnant dans le présent un signe du Royaume à venir. Une formation théologique qui cultive la présence participe ainsi à cette espérance plus vaste, enseignant aux étudiants à vivre en communautés qui anticipent la rédemption finale de Dieu.

Dans les salles de classe, les églises et les espaces numériques, la pratique de la présence nous rappelle que le Verbe s'est fait chair et a habité parmi nous. Cette vérité ancre la pédagogie dans le mystère de l'Incarnation et envoie des leaders dans le monde comme témoins de la proximité de Dieu. En s'attachant à la présence à une époque désincarnée, l'éducation théologique forme des disciples qui incarnent l'amour du Christ, résistent aux forces de la fragmentation et proclament par leur vie même que Dieu est avec nous, ici et maintenant.

Chapitre 7
Évaluation de l'intégrité
Vérité, confiance et plagiat à l'ère de l'IA

Introduction
La crise de l'intégrité

L'intelligence artificielle a bouleversé les notions traditionnelles d'intégrité académique. Des dissertations peuvent être produites en quelques secondes, des sermons rédigés par des algorithmes et des projets entiers peuvent être réalisés sans une seule phrase humaine. Cette évolution technologique interpelle les enseignants en théologie: que signifie l'intégrité lorsque des machines peuvent produire un travail apparemment réfléchi, créatif et original? L'intégrité dans l'enseignement théologique ne consiste pas seulement à prévenir la malhonnêteté; elle vise à cultiver la véracité, la confiance et la responsabilité au sein de communautés façonnées par le Christ.

L'ampleur du défi est considérable. Les institutions universitaires luttent depuis longtemps contre le plagiat, mais l'IA introduit un nouveau niveau de complexité en brouillant la frontière entre auteur humain et assistance informatique. Une dissertation rédigée par un étudiant peut contenir des phrases générées par l'IA, des modifications suggérées par des algorithmes, ou des arguments entiers construits sans grande réflexion humaine. Les sermons et les recueils de dévotion pourraient être de plus en plus produits à l'aide d'outils génératifs, soulevant des questions sur l'auteur, l'authenticité et la responsabilité pastorale. Ces changements ne sont pas marginaux; ils touchent au cœur de la mission de l'enseignement théologique: former des leaders capables de penser, de parler et d'agir avec sincérité.

L'enjeu dépasse le simple respect des codes académiques. L'enseignement théologique ne se résume pas à la transmission d'informations, mais vise à former des disciples dont la vie reflète le Dieu de vérité. L'intégrité doit donc être considérée comme une pratique spirituelle et communautaire, et non comme une simple règle académique. La question n'est pas seulement de savoir comment détecter la malhonnêteté, mais de former des communautés où la vérité est aimée, la confiance possible et la fidélité à Dieu vécue dans l'étude et le ministère.

Ce chapitre explore comment l'intégrité doit être repensée compte tenu de l'IA. Il examine l'évolution du plagiat, le rôle de la confiance au sein des communautés théologiques et le fondement théologique plus profond de la vérité comme fidélité à Dieu. L'argument est que l'évaluation de l'intégrité à l'ère de l'IA exige plus que des garanties techniques; elle exige de cultiver des communautés d'honnêteté, de discernement et de responsabilité.

L'évolution du paysage du plagiat

Traditionnellement, le plagiat était considéré comme la copie du travail d'autrui sans mention de sa source. À l'ère de l'IA, les frontières sont floues. Lorsqu'un étudiant soumet une dissertation rédigée par un outil d'IA, s'agit-il de plagiat, de collaboration ou de quelque chose de totalement nouveau?

Lorsque des pasteurs utilisent l'IA pour rédiger un sermon, s'agit-il de vol, de paresse ou d'une aide légitime? Ces questions révèlent l'inadéquation des anciennes catégories et appellent à un nouveau discernement.

Une partie de la difficulté réside dans le fait que le texte généré par l'IA ne provient pas d'une source unique et identifiable. Le plagiat traditionnel consistait à emprunter des mots ou des idées à un autre auteur sans le mentionner. Les systèmes d'IA, quant à eux, génèrent des résultats en synthétisant des modèles à partir d'énormes ensembles de données. Cela signifie que le texte résultant n'est pas copié au sens conventionnel du terme, mais qu'il ne s'agit pas non plus de l'œuvre originale de l'étudiant ou du prédicateur. Cette ambiguïté est source de confusion: qu'est-ce qui constitue une malhonnêteté intellectuelle lorsque les catégories mêmes de paternité et d'originalité évoluent?

D'un point de vue théologique, le plagiat a toujours été plus qu'une simple infraction académique. C'est un manque de véracité, une fausse représentation de soi et de son prochain. Il compromet la finalité formative de l'enseignement théologique en remplaçant l'apprentissage par des raccourcis. Dans un monde dominé par l'IA, la tentation de confier la réflexion à des machines amplifie ce danger. Les étudiants peuvent être tentés de considérer l'apprentissage comme une performance plutôt que comme une formation, réduisant l'éducation à la production de textes soignés plutôt qu'à la culture de la sagesse.

Ce paysage changeant représente également un défi pour les enseignants. Les politiques élaborées à une époque antérieure pourraient ne pas répondre adéquatement à l'IA. Interdire purement et simplement l'utilisation de l'IA est souvent irréaliste, tandis qu'une acceptation sans critique risque d'éroder les normes d'intégrité. Il s'agit d'élaborer des lignes directrices qui reconnaissent la présence de l'IA tout en insistant sur le fait que le rôle essentiel de l'apprentissage (réflexion critique, discernement moral et imagination théologique) ne peut être délégué aux machines.

En fin de compte, le défi du plagiat à l'ère de l'IA appelle l'enseignement théologique à dépasser le cadre de la surveillance pour adopter un modèle formatif. Plutôt que de se contenter de se demander: "Un élève a-t-il triché?", les enseignants doivent également se demander: "Comment formons-nous des élèves qui privilégient la vérité à la commodité?" En repensant le plagiat comme une question de discipline plutôt que de simple conformité, les institutions théologiques peuvent aider les élèves à comprendre que l'intégrité compte non seulement pour les notes, mais aussi pour la fidélité à Dieu et à leur prochain.

L'intégrité comme véracité

La théologie chrétienne fonde l'intégrité sur la nature de Dieu, qui est vérité et dont la Parole est digne de confiance. Vivre avec intégrité, c'est aligner sa vie sur la vérité divine, en refusant la tromperie et la malhonnêteté. En éducation, cela signifie que la quête du savoir est indissociable de la quête de la sainteté. L'intégrité ne consiste pas seulement à éviter le mensonge, mais à incarner la vérité dans l'étude, l'enseignement et la vie en communauté.

Dans la tradition chrétienne, la véracité va au-delà de l'exactitude des faits. Elle est synonyme de fidélité, de transparence et de plénitude de vie. Une personne intègre n'est pas divisée; ses convictions et ses pratiques sont cohérentes. Pour les étudiants, cela signifie que leurs travaux universitaires doivent refléter honnêtement leur propre engagement envers les idées, même imparfaits ou incomplets. Pour les enseignants, cela signifie faire preuve d'honnêteté dans leurs travaux universitaires, reconnaître ses sources, admettre ses limites et résister à la tentation de présenter plus de certitudes que ne le permettent les preuves.

Cette vision théologique recadre le débat sur le plagiat. La question n'est pas simplement "quelles règles ont été transgressées?", mais "comment nos pratiques nous transforment-elles en personnes de vérité ou de mensonge?" Lorsque les élèves déforment leur travail, ils portent préjudice non seulement à eux-mêmes, mais à toute la communauté de confiance. Lorsque les enseignants ignorent la malhonnêteté, ils manquent à leur vocation de former des disciples de la vérité. L'intégrité, alors, est moins une question de conformité qu'une question de discipulat, de formation d'un caractère conforme au Dieu qui est vérité.

L'IA remet en question ce principe en rendant la malhonnêteté plus facile et plus difficile à détecter, mais elle offre aussi l'occasion de retrouver le sens profond de la véracité. La présence de l'IA oblige les enseignants et les étudiants à se demander pourquoi l'honnêteté est si importante. Elle oblige les institutions à articuler l'intégrité non pas comme une exigence externe, mais comme une vertu intrinsèque ancrée dans la fidélité à Dieu. Ainsi, l'intégrité est réaffirmée comme une dimension centrale de la formation théologique.

La confiance et le pacte éducatif

L'intégrité est indissociable de la confiance. L'enseignement théologique repose sur la confiance entre étudiants et enseignants, entre institutions et communautés, et finalement entre les êtres humains et Dieu. L'IA perturbe cette confiance en rendant plus difficile l'identification des responsables d'un texte ou d'une idée. Sans confiance, l'évaluation devient surveillance et l'apprentissage se réduit à la suspicion.

La confiance, cependant, ne peut être remplacée par les seules technologies de détection. Si les détecteurs de plagiat ou les identifiants IA peut servir de garanties, ils ne peuvent pas instaurer la confiance mutuelle qui soutient de véritables communautés d'apprentissage. La confiance naît de relations d'honnêteté, de responsabilité et de fidélité. Elle se cultive lorsque les enseignants traitent les élèves comme des personnes intègres et lorsque les élèves voient leurs enseignants faire preuve de la même intégrité dans leurs travaux et leur pédagogie.

Une approche fondée sur l'alliance offre une voie différente. Dans les Écritures, une alliance établit des relations de fidélité, de responsabilité et de responsabilité mutuelle. Appliquer ce principe à l'éducation signifie que l'intégrité est préservée non seulement par la surveillance, mais par le développement de communautés de confiance. Les élèves s'engagent à l'honnêteté non pas par crainte d'une punition, mais parce qu'ils sont responsables devant Dieu et leur prochain. Les enseignants défendent l'intégrité non seulement en appliquant des règles, mais aussi en faisant preuve de transparence et de sincérité dans leur propre travail.

Cette vision d'alliance redéfinit les politiques et les pratiques. Les codes d'honneur, les prières d'engagement collectives et les rituels partagés de responsabilisation peuvent contribuer à incarner l'intégrité comme une vocation commune. Les établissements peuvent favoriser des environnements où les étudiants se sentent libres d'admettre leurs difficultés, de demander de l'aide et de gagner en maturité plutôt que de se cacher derrière la tromperie. Ainsi, l'intégrité devient une alliance relationnelle, et non un fardeau individuel.

Théologiquement, la confiance transcende les relations humaines et s'étend à Dieu, véritable Dieu fidèle. L'intégrité dans l'éducation reflète la confiance en la véracité de Dieu et cultive des habitudes de fidélité qui préparent les élèves au ministère. En fondant la confiance sur l'alliance, l'éducation théologique résiste aux cultures de suspicion et de surveillance, témoignant plutôt de l'invitation de l'Évangile à vivre en hommes de vérité et de confiance.

Formation par l'évaluation

L'évaluation en formation théologique doit dépasser la détection de la malhonnêteté pour former à l'intégrité. Cela nécessite de concevoir des travaux qui encouragent la pensée originale, l'application contextuelle et la réflexion personnelle, tâches qui ne peuvent être facilement confiées à l'IA. Il faut également intégrer des discussions sur l'intégrité dans les programmes, aidant les étudiants à comprendre l'importance de l'honnêteté sur le plan théologique, et pas seulement académique.

L'évaluation formative privilégie la croissance plutôt que la performance. Elle invite les élèves à confronter leurs idées, à prendre des risques intellectuels et à réfléchir à leur parcours d'apprentissage. En laissant une place à la vulnérabilité et à l'imperfection, les enseignants réduisent la tentation de tricher et favorisent des environnements propices à la vérité. Ainsi, l'évaluation elle-même devient un outil de développement de l'intégrité.

Une implication pratique réside dans la conception de travaux qui relient l'apprentissage à l'expérience vécue. Les documents de réflexion, les études de cas et les projets contextuels encouragent les étudiants à s'inspirer de leurs propres histoires et de leur expérience ministérielle, rendant ainsi l'externalisation malhonnête moins attrayante et moins significative. Le travail collaboratif, bien conçu, peut également favoriser la responsabilisation et l'interdépendance, renforçant ainsi les dimensions collectives de l'intégrité.

Une autre implication est le rôle du feedback. Un feedback personnalisé et constructif démontre que les enseignants sont présents, attentifs et investis dans le développement des élèves. Cette présence favorise la confiance et réduit l'anonymat, souvent source de malhonnêteté. Lorsque les élèves savent que leur travail sera lu attentivement et traité avec attention, ils sont plus enclins à s'investir honnêtement dans le processus.

L'évaluation peut aussi être sacramentelle à sa manière: une pratique où vérité et grâce se rencontrent. En intégrant l'évaluation à la formation de disciple, les enseignants en théologie rappellent aux étudiants que leur cheminement académique est indissociable de leur cheminement spirituel. Noter n'est donc pas un simple jugement, mais une occasion d'encouragement, de correction et de croissance dans la sainteté.

En fin de compte, l'évaluation doit être orientée vers la formation à l'image du Christ. Lorsque les devoirs et les évaluations sont conçus dans ce sens, l'intégrité devient plus qu'une règle à suivre; elle devient une façon d'être façonné à l'image du Dieu de vérité.

Le rôle de la technologie dans la protection de l'intégrité

Si la formation est primordiale, les outils technologiques peuvent également contribuer à préserver l'intégrité. Les logiciels de détection du plagiat, les identifiants de sortie d'IA et les politiques transparentes d'utilisation acceptable peuvent favoriser des communautés de confiance. Cependant, le recours à ces outils ne doit pas remplacer un travail plus approfondi de formation morale et spirituelle. La technologie peut révéler la malhonnêteté, mais elle ne peut cultiver l'honnêteté. Cette tâche incombe aux éducateurs, aux communautés et à l'Esprit qui forme la vérité intérieure.

Utilisée judicieusement, la technologie peut contribuer à renforcer l'intégrité plutôt qu'à la compromettre. Des directives claires sur ce qui constitue une utilisation appropriée et inappropriée de l'IA peuvent aider les élèves à s'y retrouver. Les outils de détection de similarités ou de traçage des sources peuvent être utiles aux élèves comme aux enseignants, non seulement comme mécanismes de contrôle, mais aussi comme occasions d'enseigner une attribution appropriée et une recherche responsable. Ainsi, les technologies de détection peuvent devenir des ressources pédagogiques, renforçant la valeur de la véracité plutôt que d'instiller la peur.

Les établissements doivent également faire preuve de transparence dans leur utilisation des technologies. Les étudiants doivent savoir comment leur travail est surveillé et à quelles fins. Une utilisation secrète ou excessivement punitive de la surveillance sape la confiance et peut alimenter le ressentiment. À l'inverse, un dialogue ouvert sur ces outils, encadré par un engagement de responsabilité mutuelle, peut renforcer l'engagement collectif envers l'intégrité. Lorsque la technologie est utilisée de manière à respecter la dignité et à favoriser l'apprentissage, elle renforce la confiance plutôt qu'elle ne la remplace.

Parallèlement, les enseignants doivent faire preuve d'un engagement critique envers ces outils. Tout comme les résultats de l'IA peuvent être imparfaits, les détecteurs de plagiat peuvent également produire des faux positifs ou ignorer des formes subtiles de malhonnêteté. Les enseignants doivent faire preuve de jugement, de compassion et de discernement plutôt que de confier entièrement leurs décisions à des machines. Ce faisant, ils incarnent l'intégrité même qu'ils cherchent à cultiver chez les élèves.

En fin de compte, le rôle de la technologie est à la fois secondaire et complémentaire. Elle peut mettre en lumière la malhonnêteté, clarifier les attentes et contribuer à un enseignement responsable, mais elle ne peut créer des communautés intègres. L'Église et ses établissements d'enseignement doivent se rappeler que l'intégrité se construit par des pratiques de véracité, de confiance et de responsabilité, pratiques qu'aucun algorithme ne peut engendrer. La technologie peut faciliter ce cheminement, mais la formation de dirigeants honnêtes et fidèles relève de l'œuvre de l'Esprit dans la vie de la communauté.

Conclusion
L'intégrité en tant que témoin

À l'ère de l'IA, l'intégrité est à la fois plus difficile et plus essentielle. Il ne suffit pas de prévenir le plagiat; l'enseignement théologique doit cultiver des communautés où la vérité est aimée, la confiance nourrie et l'intégrité incarnée comme témoignage du Dieu de vérité. L'intégrité n'est pas seulement une exigence académique, mais une vocation théologique. En formant des leaders qui incarnent la vérité dans leurs études, leur ministère et leur vie, l'enseignement théologique témoigne de l'Évangile dans un monde inondé de tromperies et de simulations.

Considérer l'intégrité comme un témoignage, c'est reconnaître que l'honnêteté en classe est indissociable de l'honnêteté en chaire, dans l'accompagnement pastoral et sur la place publique.

Les habitudes de vérité cultivées dans l'éducation façonnent la crédibilité du témoignage chrétien dans le monde. Lorsque les dirigeants résistent à la tentation de confier la pensée à des machines ou de déformer leur travail, ils incarnent l'intégrité de l'Évangile. Leurs paroles et leurs actes témoignent que la vérité compte parce que Dieu est vérité, et que la confiance est possible parce que Dieu est fidèle.

Ce témoignage est urgent dans une culture où le deep fake brouille la réalité, où la désinformation se propage rapidement et où la simulation se fait souvent passer pour de l'authenticité. L'Église peut offrir un témoignage contre-culturel en insistant sur le fait que la véracité est indiscutable, même lorsque l'opportunisme s'impose. L'intégrité devient un acte de résistance contre la marchandisation du savoir et la mécanisation de la créativité. Elle affirme que les êtres humains, créés à l'image de Dieu, sont appelés à vivre en vérité devant Dieu et son prochain.

L'intégrité comme témoignage revêt également une dimension communautaire. Lorsque les institutions font preuve de transparence, lorsque les enseignants incarnent l'honnêteté et lorsque les élèves s'engagent dans un apprentissage fidèle, ils forment ensemble une communauté qui reflète la véracité de Dieu. Cette communauté devient un signe du Royaume, où la confiance, la responsabilité et l'amour prévalent sur la suspicion et la tromperie. En ce sens, l'intégrité ne se limite pas à la moralité individuelle, mais vise à former un peuple dont la vie commune annonce le règne de Dieu.

En fin de compte, l'appel à l'intégrité à l'ère de l'IA est un appel au discipulat. Il invite étudiants et enseignants à marcher dans la lumière, à dire la vérité avec amour et à croire que l'Esprit forme la vérité intérieurement. En s'attachant fermement à l'intégrité, l'enseignement théologique proclame que même dans un monde numérique d'algorithmes et de simulations, le Christ (le Verbe fait chair) demeure la mesure et le modèle de la vérité. Incarner cette intégrité, c'est témoigner fidèlement du Dieu qui est avec nous et nous conduit vers toute la vérité.

Chapitre 8
Liturgies de la technologie
Former l'âme dans les environnements numériques

Introduction
La technologie comme liturgie

Chaque technologie, ancienne ou moderne, ne se limite pas à répondre à des besoins pratiques; elle façonne nos habitudes, nos désirs et notre imagination. Les réseaux sociaux, les smartphones et les outils d'IA ne sont pas des instruments neutres; ils fonctionnent comme des liturgies culturelles, façonnant silencieusement l'âme par des pratiques répétées et des modes de vie incarnés. Pour la formation théologique, le défi n'est pas seulement d'analyser les fonctions de la technologie, mais de discerner son pouvoir formateur. Comment les outils numériques façonnent-ils ce que nous aimons, ce que nous croyons et notre manière de célébrer? Comment l'Église pourrait-elle cultiver des contre-liturgies qui orientent nos désirs vers Dieu?

Ce chapitre explore les dimensions liturgiques de la technologie et leurs implications pour la formation spirituelle. Il soutient que les environnements numériques fonctionnent comme des espaces de culte (parfois dédiés à Dieu, souvent à des idoles) et que la formation théologique doit aider les étudiants à reconnaître et à résister à ces pouvoirs formateurs. Il ne s'agit pas d'abandonner la technologie, mais de discerner comment ses liturgies peuvent être réorientées vers des pratiques qui approfondissent la foi, la justice et l'amour.

Le pouvoir formateur des pratiques numériques

Les technologies ne se contentent pas de fournir du contenu; elles nous habituent. Les notifications nous entraînent à rechercher une stimulation constante. Les moteurs de recherche nous conditionnent à attendre des réponses instantanées. Les réseaux sociaux nous forcent à mesurer notre valeur à l'aune des likes et des partages. Les systèmes d'IA anticipent de plus en plus nos besoins, façonnant subtilement nos décisions et nos désirs. Ce ne sont pas de simples outils, mais des pratiques qui façonnent notre identité au fil du temps.

James K.A. Smith a décrit les pratiques culturelles comme des "liturgies laïques", des rituels qui façonnent nos amours et orientent nos cœurs vers des visions opposées de la vie. Les technologies numériques fonctionnent ainsi. Se connecter à des plateformes, balayer, faire défiler et aimer deviennent des rituels quotidiens qui orientent notre attention et notre dévotion. La liturgie du smartphone marque le début et la fin de la journée de nombreuses personnes, façonnant les rythmes du repos et du travail, de l'intimité et des distractions. Ces pratiques nous façonnent, souvent plus profondément que nous ne le pensons.

Le pouvoir formateur des pratiques numériques s'étend au-delà des dimensions cognitives, affectives et incarnées. La poussée de dopamine provoquée par une notification, l'envie irrépressible de rafraîchir un fil d'actualité, la posture corporelle penchée sur un écran lumineux... autant d'actes incarnés qui, répétés quotidiennement, façonnent nos désirs et notre façon d'appréhender le monde. Ils nous apprennent à privilégier l'immédiateté à la patience, la distraction à la contemplation, l'efficacité à la profondeur. Ainsi, la technologie devient une sorte de pédagogie, nous enseignant les habitudes du cœur sans jamais expliciter son programme.

C'est pourquoi les enseignants en théologie doivent considérer les pratiques numériques comme spirituellement significatives. Tout comme les liturgies antiques éduquent le corps par l'agenouillement, le chant et le silence, les liturgies numériques nous éduquent également par les gestes du glissement, de la saisie et du défilement. Le danger est que ces pratiques nous façonnent souvent à notre insu, façonnant nos amours d'une manière qui nous éloigne du royaume de Dieu et nous pousse vers des visions d'épanouissement concurrentes. Reconnaître le pouvoir formateur des pratiques numériques est la première étape pour discerner comment y résister, les réorienter ou les racheter.

L'idolâtrie et les tentations de la technologie

Le danger est que les liturgies numériques deviennent des formes d'idolâtrie. Elles promettent la connexion mais favorisent l'isolement, promettent la connaissance mais engendrent la distraction, promettent l'efficacité mais aggravent l'anxiété. Lorsque la technologie commande notre temps, notre attention et nos désirs, elle risque de devenir un dieu rival. Les théologiens doivent nommer clairement ces idolâtries. Les réseaux sociaux peuvent faire de nous un peuple qui adore la reconnaissance; les assistants IA peuvent faire de nous un peuple qui adore l'efficacité; les services de streaming peuvent faire de nous un peuple qui adore la consommation sans fin.

L'idolâtrie ne se résume pas à de fausses croyances, mais à des amours désordonnées. Augustin nous rappelle que le péché consiste à aimer les biens inférieurs plus que Dieu. Les liturgies numériques réorganisent souvent nos amours de manière subtile, transformant les outils en maîtres. Reconnaître ce danger est le premier pas vers la reconquête de la technologie comme lieu de formation à la fidélité plutôt que comme captivité idolâtre.

Les idoles de la technologie sont souvent drapées dans le langage du progrès. On nous dit qu'une connectivité constante nous rend plus humains, que l'efficacité est synonyme d'épanouissement et que le divertissement apporte le repos. Pourtant, derrière ces promesses se cache une captivité plus profonde. Les réseaux sociaux peuvent nourrir l'envie, la comparaison et l'orgueil. Les systèmes pilotés par l'IA peuvent nous inciter à renoncer à notre jugement et à notre sagesse. Le défilement sans fin peut émousser notre capacité d'émerveillement et de contemplation. Ce ne sont pas des effets secondaires anodins; ce sont les signes d'une culture de l'idolâtrie, où notre dévotion se détourne du Dieu vivant pour se tourner vers les fausses promesses de la technologie.

Les Écritures fournissent des images saisissantes pour nommer ces tentations. Tel le veau d'or d'Israël, les technologies deviennent des idoles lorsqu'elles incarnent notre désir de contrôle, de visibilité ou d'immédiateté. À l'instar de l'empire babylonien, les systèmes numériques peuvent nous séduire et nous pousser à adorer le pouvoir, la richesse et la domination. La mission de l'Église et de l'enseignement théologique est d'aider les étudiants et les communautés à discerner quand la technologie a franchi ce seuil, en exposant ses idolâtries et en appelant les gens à revenir au culte du vrai Dieu.

Pourtant, même ici, la grâce demeure. En identifiant l'idolâtrie, nous ouvrons la porte à la repentance et à la réorientation. Les technologies, autrefois démasquées comme de faux dieux, peuvent être récupérées comme outils au service de la mission de Dieu. Le défi n'est pas seulement de critiquer, mais de discerner comment les pratiques de résistance fidèle peuvent démasquer l'idolâtrie et réorienter notre amour vers le Créateur.

Contre-liturgies
Pratiques de résistance et de renouveau

Si les technologies fonctionnent comme des liturgies, l'Église doit cultiver des contre-liturgies, des pratiques intentionnelles qui redirigent nos désirs vers Dieu. Le repos du sabbat interrompt la liturgie de la connectivité constante. Les repas partagés résistent à la liturgie de la consommation isolée. La prière devant les écrans reconcentre l'attention sur Dieu. En classe, cela peut se traduire par des rythmes intentionnels de silence, des pratiques de culte incarnées ou une réflexion critique sur les habitudes numériques.

Les contre-liturgies ne visent pas à rejeter complètement la technologie, mais à l'intégrer à des pratiques qui placent le Christ au centre. Par exemple, le rythme de la prière quotidienne interrompt le défilement incessant des flux d'actualités, ancreant les croyants dans l'histoire de Dieu plutôt que dans le récit de l'algorithme. S'abstenir d'appareils numériques, même pour de courtes périodes, peut révéler la profondeur de notre dépendance et raviver notre soif de Dieu. Les liturgies de service (actes de bienveillance envers les pauvres, les malades ou les marginalisés) réorientent nos corps et nos désirs, loin d'une consommation égocentrique, vers l'amour christique.

Dans l'enseignement théologique, les contre-liturgies peuvent être intégrées à la pédagogie. Les professeurs pourraient commencer le cours par une prière et un silence, marquant ce moment comme sacré plutôt que simplement informatif. Les étudiants pourraient être invités à partager des témoignages sur la façon dont la technologie influence leur quotidien, suivis d'une réflexion collective sur la manière de résister aux schémas malsains. Les travaux pourraient inclure des audits numériques, où les étudiants examinent leurs propres pratiques technologiques et élaborent des rythmes de résistance intentionnels qui cultivent l'attention à Dieu.

Le culte est la principale contre-liturgie de l'Église. Se rassembler autour de la Parole et de la Table forme les croyants à des modèles de grâce qui résistent aux idolâtries de l'efficacité, de la distraction et de l'autopromotion. Lorsque l'Église célèbre fidèlement son culte, elle proclame que notre valeur ne se mesure pas aux likes, à la productivité ou aux algorithmes, mais à l'amour de Dieu révélé en

Christ. Le culte nous apprend à nous reposer, à rendre grâce et à nous offrir en sacrifice vivant. Ces pratiques transforment notre imagination, permettant à la technologie de servir plutôt que d'asservir.

En fin de compte, les contre-liturgies cultivent la liberté. Elles nous rappellent que si les technologies numériques ont le pouvoir de nous façonner, elles ne nous déterminent pas. En participant à des pratiques qui réorientent le désir, les chrétiens apprennent à vivre dans le monde des liturgies numériques sans s'y conformer. Au contraire, ils sont transformés par le renouvellement de leur esprit, capable de discerner la volonté de Dieu dans la complexité technologique.

Le rôle de l'IA dans la formation liturgique

L'IA intensifie le pouvoir formateur de la technologie en personnalisant les liturgies numériques. Des algorithmes organisent des flux conçus pour capter l'attention, façonnant les désirs avec une précision croissante. Les systèmes de recommandation guident ce que nous regardons, lisons et achetons, rétrécissant souvent nos horizons au lieu de les élargir. En ce sens, l'IA fonctionne comme un prêtre des liturgies numériques, transmettant les valeurs et orientant la dévotion vers le consumérisme, la distraction ou le contrôle.

Ce qui confère à l'IA sa puissance unique, c'est son adaptabilité. Contrairement aux technologies statiques, l'IA apprend de nos comportements, prédisant et nous incitant à adopter des schémas qui renforcent ses propres objectifs. Cela crée des boucles de rétroaction où nos désirs sont non seulement satisfaits, mais subtilement remodelés. Une plateforme pilotée par l'IA qui anticipe constamment nos besoins peut, à terme, nous habituer à considérer l'immédiateté, la personnalisation et la gratification comme la norme. Il s'agit d'une forme de formation spirituelle, bien que souvent au service des intérêts du marché plutôt que du royaume de Dieu.

L'IA soulève également des questions théologiques sur l'autorité et la médiation. Lorsque les algorithmes déterminent les informations que nous voyons, les chants que nous entendons ou les ressources spirituelles suggérées, ils assument des rôles autrefois dévolus aux pasteurs, aux enseignants ou aux communautés de discernement. Sans une réflexion approfondie, l'IA peut devenir un guide liturgique méconnu, façonnant la manière dont les gens perçoivent la vérité, la beauté et le sens. Son autorité est rarement remise en question, car son influence se dissimule dans la commodité.

Pour l'enseignement théologique, cela exige des stratégies intentionnelles de discernement. Les étudiants doivent apprendre à identifier comment l'IA façonne leurs liturgies quotidiennes d'attention et de désir. Cela peut impliquer d'analyser les algorithmes des plateformes qu'ils utilisent, de réfléchir à l'influence des systèmes de recommandation sur leur imagination, ou de pratiquer des habitudes qui résistent au contrôle algorithmique, comme choisir des sources hors des flux d'actualités organisés ou s'engager dans des disciplines de silence et de contemplation.

L'Église, de même, doit discerner comment s'engager avec l'IA sans céder à son influence formatrice. Cela peut impliquer de cultiver des pratiques de discernement numérique, en apprenant aux croyants à remarquer quand les algorithmes façonnent leur amour. Cela peut impliquer de défendre une conception éthique qui résiste à l'exploitation de l'attention et protège les personnes vulnérables. Surtout, cela exige de recentrer le culte sur le Christ, lui seul peut ordonner correctement nos amours et qui offre la véritable liturgie qui réoriente toutes les autres.

L'imagination liturgique pour l'éducation théologique

Parler de technologie dans le contexte liturgique, c'est retrouver l'imagination. L'enseignement théologique doit aider les étudiants à voir, au-delà de la surface des outils, les rituels et les récits qu'ils incarnent. L'imagination liturgique nous permet de percevoir comment les technologies façonnent le temps, l'attention et la communauté. Elle nous permet également de réimaginer la pédagogie, le culte et le ministère de manière à perturber les liturgies néfastes et à cultiver des pratiques de présence fidèle.

L'imagination liturgique commence par nommer les pratiques déjà en vigueur. Les enseignants peuvent guider les élèves dans l'analyse de la manière dont les rythmes numériques (consulter son téléphone au réveil, naviguer sur Internet avant de dormir, effectuer plusieurs tâches simultanément pendant les cours) fonctionnent comme des rituels formateurs. En qualifiant ces pratiques de liturgies, les enseignants découvrent leur signification spirituelle et invitent les élèves à une réflexion critique sur la façon dont leurs amours se façonnent. Cette reconnaissance brise l'illusion de neutralité et recadre les habitudes quotidiennes comme des lieux de vie de disciple.

Mais l'imagination liturgique n'est pas seulement déconstructive; elle est constructive. Elle permet aux enseignants de théologie de concevoir des programmes, des cultes et une vie communautaire qui forment intentionnellement les étudiants à des pratiques alternatives. En classe, cela peut impliquer d'intégrer la prière, le silence et des rituels incarnés aux cours magistraux et aux discussions. Cela peut inclure des occasions d'apprentissage par le service qui ancrent l'éducation dans des actes de justice et de miséricorde, ou des pratiques narratives reliant la réflexion théologique à l'expérience vécue. Ces contre-liturgies cultivent l'attention à la présence de Dieu et orientent les étudiants vers le Royaume.

L'imagination liturgique façonne également la manière dont les enseignants interagissent avec la technologie elle-même. Plutôt que de rejeter les outils numériques ou de les adopter sans discernement, les enseignants peuvent discerner comment inscrire leur utilisation dans des pratiques formatives plus larges. Par exemple, un professeur pourrait encourager les étudiants à utiliser des outils d'IA pour les aider dans leurs recherches, tout en exigeant la tenue d'un journal de réflexion examinant comment le recours à ces outils façonne leur réflexion. Lors du culte, les communautés pourraient diffuser des services en direct, mais en les associant à des rassemblements intentionnels qui mettent l'accent sur la communion fraternelle. L'objectif est d'intégrer la technologie à des pratiques qui placent l'histoire de Dieu au cœur de leurs préoccupations.

En définitive, l'imagination liturgique permet à l'enseignement théologique de considérer chaque choix pédagogique comme formateur. Comment un cours commence, comment les devoirs sont structurés, comment la technologie est intégrée: chaque décision contribue à façonner des vies et à diriger le culte. Lorsque les enseignants adhèrent à cette vision, ils deviennent des leaders liturgiques autant que des guides intellectuels, aidant les étudiants à discerner non seulement ce qu'ils doivent penser, mais aussi comment vivre en adorateurs de Dieu dans un monde numérique.

Conclusion
Adorer Dieu à l'ère numérique

En fin de compte, la question n'est pas de savoir si nous serons façonnés par les liturgies numériques, mais quelles liturgies nous façonneront. La technologie continuera de structurer le temps, l'attention et le désir; le défi est de savoir si ces structures nous orientent vers les idoles ou vers Dieu. La vocation de l'Église est de démasquer les fausses liturgies et d'incarner le véritable culte, l'offrande de nos vies à Dieu en Christ.

Adorer Dieu à l'ère du numérique, c'est confesser qu'aucun algorithme, aucune plateforme ni aucun appareil ne peut nous imposer notre allégeance ultime. C'est résister aux faux dieux de l'efficacité, de la reconnaissance et de la consommation, et réaffirmer que notre identité la plus profonde se trouve dans la communion avec Dieu et notre prochain. L'adoration nous rappelle que nous ne sommes pas définis par des critères de productivité ou de popularité, mais par l'amour de Dieu répandu en Christ et rendu présent par l'Esprit.

Cette vision appelle la formation théologique à former des leaders capables de guider les communautés à travers les complexités de la vie numérique avec discernement et courage. Ces leaders ne se contenteront pas de critiquer les idolâtries technologiques, mais incarneront aussi des pratiques alternatives témoignant du Royaume de Dieu. Ils apprendront aux congrégations à prier pendant les distractions, à se reposer malgré les exigences de la connectivité et à s'aimer les uns les autres de manière à transcender les liens superficiels de la culture numérique.

Adorer Dieu à l'ère numérique exige aussi de l'espérance. L'omniprésence de la technologie peut nous inciter au désespoir, mais la foi chrétienne proclame qu'aucune force culturelle n'est absolue. Le Christ est Seigneur de tous les domaines, y compris celui du numérique. L'Esprit est à l'œuvre même dans les espaces médiatisés, appelant les gens à la foi et les formant en communautés de grâce. Cette assurance permet à l'Église de ne pas fuir la technologie par peur ni de l'adopter sans discernement, mais de l'habiter avec discernement, créativité et fidélité.

En cultivant les contre-liturgies, la formation théologique participe à cette vocation. En aidant les étudiants à discerner le pouvoir formateur des pratiques numériques, à résister à l'idolâtrie et à adopter des pratiques qui ordonnent l'amour envers Dieu, elle prépare les responsables à guider fidèlement les communautés à l'ère numérique.

Ainsi, la pédagogie elle-même devient liturgique: une participation à l'œuvre de l'Esprit qui façonne les cœurs et les esprits pour l'adoration du Dieu vivant. Adorer à l'ère numérique, c'est proclamer par notre vie que le Christ, et non la technologie, est celui qui maintient l'unité de toutes choses et qui seul mérite notre dévotion.

Chapitre 9
Discerner le rôle de l'IA dans la recherche et l'érudition théologiques

Introduction
Un nouveau partenaire dans l'enquête

La recherche théologique a toujours fait appel à des outils de son époque: manuscrits, codex, presses à imprimer et bases de données numériques. L'intelligence artificielle représente le plus récent et peut-être le plus disruptif de ces outils. Grâce à sa capacité à analyser des ensembles de données massifs, à synthétiser des arguments complexes et même à générer des idées apparemment originales, l'IA apparaît comme un partenaire potentiel de la recherche théologique. Pourtant, ce partenariat soulève des questions pressantes: l'IA peut-elle réellement aider à discerner la vérité divine? Comment les chercheurs doivent-ils gérer les promesses et les dangers de l'assistance algorithmique? Quelles limites et quelles garanties sont nécessaires pour garantir que l'IA serve plutôt que déforme la recherche théologique?

Ce chapitre explore le rôle de l'IA dans la recherche théologique, en examinant ses possibilités et ses risques. Il soutient que si l'IA peut soutenir la recherche en élargissant l'accès, en accélérant l'analyse et en offrant de nouveaux modes d'investigation, elle doit être abordée avec discernement. La recherche théologique, fondée sur la vérité, la responsabilité et la sagesse spirituelle, ne peut être confiée à des machines. L'IA doit plutôt être conçue comme un outil facilitant la recherche humaine tout en restant soumise à une réflexion théologique et éthique.

L'IA comme outil de recherche

L'IA offre des possibilités remarquables à la recherche théologique. Le traitement automatique du langage naturel permet aux chercheurs d'analyser les Écritures dans différentes langues et traditions avec une rapidité sans précédent. L'apprentissage automatique permet d'identifier des schémas dans de vastes corpus de sermons, de textes théologiques ou de pratiques liturgiques. L'IA générative peut proposer des schémas, suggérer des liens ou fournir des perspectives comparatives qui ouvrent de nouvelles pistes d'exploration. Ces outils démocratisent l'accès, permettant aux chercheurs ne disposant pas de vastes bibliothèques d'exploiter des ressources autrefois réservées aux institutions d'élite.

L'IA peut également faciliter le dialogue interdisciplinaire. La réflexion théologique croise de plus en plus des domaines tels que les neurosciences, la sociologie et les sciences de l'environnement. Les outils d'IA peuvent contribuer à synthétiser les données issues de ces disciplines, permettant ainsi aux théologiens de confronter leurs réflexions à un savoir humain plus large. Utilisée à bon escient, l'IA peut élargir le champ de la recherche théologique et favoriser la collaboration entre disciplines et contextes.

Au-delà de son efficacité, l'IA a le potentiel de révéler des schémas invisibles à l'œil nu. Les algorithmes d'exploration de textes peuvent mettre en évidence des motifs récurrents à travers des siècles d'écrits théologiques, révélant ainsi des liens cachés entre traditions et voix. Les visualisations générées par l'IA permettent de cartographier la diffusion des concepts théologiques à travers le temps et l'espace, enrichissant ainsi les études historiques et comparatives. Ces informations ne remplacent pas la lecture attentive, mais peuvent l'enrichir, suscitant de nouvelles questions et un engagement plus profond.

L'IA peut également remplir des fonctions pratiques qui libèrent les chercheurs pour une réflexion approfondie. L'automatisation de la recherche bibliographique, la traduction de textes ou la synthèse de la littérature secondaire peuvent réduire les obstacles à l'accès, notamment pour les étudiants et les chercheurs travaillant dans des contextes à ressources limitées. L'IA peut ainsi agir comme une sorte d'assistant de recherche, efficace et polyvalent, mais nécessitant toujours une supervision et une évaluation critique.

Dans le meilleur des cas, l'IA devient un partenaire qui amplifie la créativité humaine plutôt que de la remplacer. La recherche théologique, ancrée dans la foi et la tradition, requiert imagination, jugement et discernement, des capacités qui restent exclusivement humaines. En prenant en charge certaines tâches d'échelle et de synthèse, l'IA peut permettre aux chercheurs de se consacrer davantage à l'interprétation, à la réflexion et à la prière. Ainsi, l'IA peut servir l'érudition tout en restant clairement subordonnée aux objectifs profonds de la théologie.

Les risques de l'externalisation de la pensée théologique

Pourtant, ces possibilités comportent des risques importants. Le plus grand danger n'est pas que l'IA pense à notre place, mais que nous la laissions faire. Lorsque les chercheurs s'appuient trop sur l'IA pour résumer des textes, identifier des arguments ou générer des idées, ils risquent d'externaliser le travail intellectuel et spirituel essentiel à la théologie. La recherche théologique ne consiste pas seulement à produire de l'information, mais à confronter la vérité divine en communauté, dans la prière et la réflexion. L'IA ne peut ni prier, ni croire, ni témoigner. Elle peut simuler le discours théologique, mais elle ne peut pas incarner la foi qui rend la théologie possible.

Il existe également un risque de distorsion. Les systèmes d'IA sont entraînés à partir de données existantes, ce qui signifie qu'ils reproduisent les biais, les lacunes et les erreurs inhérents à leurs sources. Dans la recherche théologique, cela pourrait conduire à amplifier certaines traditions tout en en marginalisant d'autres, ou à perpétuer sans discernement des interprétations erronées. Sans discernement, les chercheurs pourraient confondre les résumés générés par l'IA avec la vérité objective, alors qu'ils reposent en réalité sur des hypothèses et des limites cachées.

Un autre danger réside dans l'érosion subtile des vertus intellectuelles. La théologie a toujours exigé patience, humilité et persévérance, vertus cultivées par le lent travail de lecture, de réflexion et de dialogue. Si les chercheurs se tournent vers l'IA pour obtenir des réponses rapides, ils risquent de perdre les habitudes mêmes qui fondent la sagesse théologique. Les résumés instantanés peuvent remplacer une exégèse minutieuse, les aperçus algorithmiques peuvent diminuer l'attention portée aux nuances, et les arguments générés par machine peuvent affaiblir la rigueur du débat scientifique. Il en résulte une apparence de sophistication sans la substance de la compréhension.

La dimension communautaire de la théologie est également menacée. Historiquement, la réflexion théologique s'est déroulée en dialogue avec les communautés de foi vivantes, à travers des conciles, des débats, des correspondances et des cultes partagés. Si l'IA devient le partenaire principal de la recherche, le danger est que la recherche s'isole, se détache des pratiques incarnées de l'Église. La pensée théologique risque d'être réduite au traitement de données plutôt qu'à un acte de discernement communautaire guidé par l'Esprit.

Enfin, il existe un risque spirituel. Le recours à l'IA peut subtilement nourrir l'orgueil ou l'idolâtrie, incitant les chercheurs à se fier à la puissance technologique plutôt qu'à la sagesse divine. Lorsque l'efficacité et la productivité deviennent des valeurs fondamentales, les dimensions contemplatives et priantes de la théologie risquent d'être marginalisées. L'enseignement théologique doit donc résister à la tentation de l'externalisation en rappelant aux chercheurs que la véritable sagesse ne se fabrique pas, mais s'acquiert dans l'humilité devant Dieu.

Discernement théologique dans les pratiques de recherche

La clé réside donc dans le discernement. La recherche théologique doit établir des pratiques qui maintiennent l'IA à sa juste place. Cela implique la transparence; les chercheurs doivent divulguer quand et comment les outils d'IA sont utilisés. Cela implique la responsabilité; le contenu généré par l'IA doit être évalué de manière critique, comparé à des sources primaires et interprété en tenant compte de la tradition et de la communauté. Et cela implique l'humilité, reconnaissant que si l'IA peut contribuer au traitement de l'information, la tâche profonde de la sagesse incombe aux communautés humaines guidées par l'Esprit.

Le discernement exige également une attention particulière à la formation. La recherche théologique ne vise pas seulement à produire du savoir, mais aussi à former des chercheurs pour en faire des hommes de vérité, de justice et d'amour. Si le recours à l'IA nuit à la patience, à l'écoute ou à l'étude approfondie des textes, son utilisation devient alors spirituellement déformante. En revanche, lorsque l'IA est utilisée pour libérer du temps pour l'étude approfondie, la réflexion et la prière, elle peut contribuer à la formation des chercheurs avec fidélité.

Ce discernement doit être cultivé tant individuellement que collectivement. Individuellement, les chercheurs peuvent pratiquer des disciplines telles que la lecture lente, l'étude contemplative et la réflexion priante, qui contrebalancent la rapidité et l'efficacité de l'IA. Collectivement, les facultés et les communautés de recherche peuvent établir des normes de responsabilité, créant des espaces où les implications éthiques et théologiques de l'utilisation de l'IA sont ouvertement débattues. De telles pratiques garantissent que l'IA ne soit pas utilisée isolément, mais au cœur de la vie de l'Église et du monde universitaire.

L'Écriture offre un modèle pour cette posture de discernement. Paul exhorte les Thessaloniciens à "examiner toute chose et à retenir ce qui est bon". Appliqué à l'IA, cela signifie ne pas rejeter catégoriquement la technologie ni l'adopter sans discernement, mais la soumettre à un examen théologique. Ce qui favorise la vérité, la justice et l'amour peut être adopté; ce qui déforme ou distrait doit être combattu. Ce cadre biblique offre à la fois liberté et responsabilité aux chercheurs qui intègrent l'IA à leurs travaux.

En fin de compte, le discernement consiste à maintenir le Christ au cœur de l'érudition. L'IA peut traiter les mots, mais seul le Christ est la Parole. L'IA peut suggérer des liens, mais seul l'Esprit donne la sagesse. En ancrant le discernement dans la prière et la réflexion théologique, les chercheurs peuvent s'assurer que l'IA sert la recherche sans pour autant supplanter la vocation profonde de la théologie: chercher la compréhension au service de la foi.

Implications pour l'éducation théologique

L'essor de l'IA exige des séminaires et des institutions théologiques qu'ils préparent leurs étudiants à des pratiques de recherche intégrant discernement et intégrité. Cela peut impliquer d'apprendre aux étudiants à utiliser les outils d'IA de manière responsable, à évaluer de manière critique les résultats et à réfléchir à leurs implications théologiques et éthiques. Cela peut également impliquer de cultiver des habitudes de lecture lente, d'étude contemplative et d'interprétation collective, qui résistent à la pression de confier la réflexion aux machines.

Les programmes doivent être adaptés pour inclure un engagement explicite envers l'IA. Les cours de méthode théologique, d'études bibliques ou d'éthique peuvent inclure des modules abordant les opportunités et les dangers de l'IA dans la recherche. Une formation pratique en littératie numérique peut aider les étudiants à comprendre le fonctionnement des algorithmes, leurs limites et à remettre en question leurs résultats. En intégrant la sensibilisation à l'IA à l'ensemble des programmes, les établissements veillent à ce que les étudiants ne soient pas laissés pour compte.

Cultiver les vertus spirituelles et intellectuelles est tout aussi important. Patience, humilité, attention et courage sont nécessaires pour résister aux tentations de la facilité et de la superficialité. Les programmes de formation spirituelle peuvent aider les étudiants à relier leurs pratiques de recherche à leur vie de disciple, en considérant l'intégrité dans l'érudition comme faisant partie intégrante de leur vocation à la sainteté. Les retraites, le mentorat et les pratiques de prière partagées peuvent offrir un espace de discernement au sein de la communauté, garantissant que la formation du caractère accompagne le développement des compétences.

Les établissements doivent également faire preuve d'intégrité dans leur propre utilisation de l'IA. La transparence sur la manière dont l'IA est utilisée dans l'enseignement, l'administration ou l'évaluation démontre aux étudiants que l'établissement s'engage en faveur de l'honnêteté et de la responsabilité. En mettant en pratique ce qu'ils enseignent, les établissements peuvent constater la possibilité d'utiliser fidèlement la technologie.

Enfin, l'enseignement théologique doit favoriser l'imagination morale. Les étudiants doivent non seulement critiquer l'IA, mais aussi imaginer comment elle pourrait être utilisée de manière créative au service de l'Église et du bien commun. Cela pourrait inclure des projets explorant comment l'IA pourrait contribuer à la théologie contextuelle, soutenir les communautés marginalisées ou élargir l'accès aux ressources dans les régions mal desservies. Un tel engagement constructif permet aux étudiants de considérer l'IA non seulement comme une menace, mais aussi comme un champ d'innovation fondé sur la foi.

Conclusion
La sagesse au-delà de l'algorithme

L'IA façonnera sans aucun doute l'avenir de la recherche théologique. La question n'est pas de savoir si elle sera utilisée, mais comment. Le défi pour les théologiens est d'utiliser l'IA comme un outil sans s'y soumettre comme une maîtresse, d'exploiter ses capacités sans externaliser le travail spirituel et intellectuel de la théologie. La sagesse, et non l'efficacité, doit être le principe directeur.

La sagesse va au-delà des compétences techniques ou de l'accumulation de données. C'est la capacité de discerner ce qui est bon, vrai et beau au vu de la révélation divine. L'IA peut générer des synthèses, des corrélations et des prédictions, mais elle ne peut offrir la sagesse. Elle ne peut nous apprendre à aimer Dieu et notre prochain, à vivre fidèlement en communauté, ni à incarner l'Évangile dans un monde brisé. Seuls les êtres humains, guidés par l'Esprit et façonnés par les Écritures et la tradition, peuvent s'engager dans ce travail de discernement plus profond.

C'est pourquoi l'IA doit toujours rester subordonnée à la vocation plus vaste de la théologie. Elle peut contribuer à recueillir des informations ou suggérer des liens, mais elle ne saurait remplacer les pratiques de prière, de dialogue et d'étude approfondie par lesquelles les théologiens cherchent à comprendre. Confondre les résultats algorithmiques avec la sagesse revient à confondre les moyens avec les fins, l'information avec la vérité, et l'analyse avec la révélation.

La conclusion est donc un appel à l'humilité et à la responsabilité. Les théologiens doivent aborder l'IA avec gratitude pour ses capacités et prudence quant à ses limites. Ils doivent faire preuve de transparence dans son utilisation, d'esprit critique dans son évaluation et veiller à ce que sa présence n'érode pas les vertus intellectuelles et spirituelles requises par la théologie. Par-dessus tout, ils doivent placer le Christ (le Verbe fait chair) au centre de leur recherche.

En fin de compte, la recherche théologique est redevable non seulement à ses pairs, mais aussi à

Dieu et à l'Église. Cette responsabilité exige un engagement envers la vérité, la justice et l'amour qu'aucune machine ne peut reproduire. En discernant attentivement le rôle de l'IA, les théologiens peuvent en tirer profit tout en se prémunissant contre ses dangers, garantissant ainsi que la recherche reste ancrée dans la Parole vivante. Ce faisant, ils témoignent de la vérité selon laquelle la sagesse est plus que des données et que la théologie, au fond, est une quête de Dieu guidée par l'Esprit, un cheminement qu'aucun algorithme ne peut accomplir.

Chapitre 10
Réimaginer le programme d'études théologiques à l'ère de l'IA

Introduction
Le programme d'études à la croisée des chemins

L'enseignement théologique se trouve à un tournant décisif. Pendant des siècles, les programmes d'études ont été façonnés par les besoins de l'Église, les attentes culturelles et les ressources du monde universitaire. Aujourd'hui, l'intelligence artificielle introduit de nouveaux défis et opportunités qui exigent une transformation des programmes. L'enseignement théologique ne peut plus se concentrer uniquement sur la transmission de contenus ou la préservation de la tradition; il doit préparer des dirigeants capables de discerner, de critiquer et d'intégrer l'IA dans leur ministère et leur recherche. Le programme doit être repensé pour former des disciples et des dirigeants pour un monde où l'IA jouera un rôle de plus en plus déterminant.

Ce chapitre explore comment les programmes théologiques pourraient être repensés à l'ère de l'IA. Il soutient qu'il ne s'agit pas simplement d'ajouter un ou deux cours sur la technologie, mais d'intégrer la sensibilisation technologique, la réflexion critique et la formation spirituelle à l'ensemble du parcours éducatif. Ce faisant, l'enseignement théologique peut former des leaders qui incarnent la sagesse, la justice et l'espoir dans un monde façonné par l'IA.

Intégration curriculaire des études d'IA

Un programme repensé commence par l'intégration intentionnelle de l'IA dans l'enseignement théologique. Il ne s'agit pas de transformer les séminaires en écoles techniques, mais de doter les étudiants des compétences nécessaires pour comprendre le fonctionnement de l'IA, son influence sur la société et ses liens avec la théologie. Les cours d'éthique, de théologie pastorale et d'études bibliques peuvent inclure des modules sur l'IA, explorant ses implications pour la justice, le ministère et l'interprétation.

Par exemple, un cours d'éthique pourrait examiner des études de cas de biais algorithmiques, en s'interrogeant sur la manière dont les engagements chrétiens en faveur de la justice et l'option préférentielle pour les pauvres se rapportent aux inégalités technologiques. Un cours de théologie pastorale pourrait explorer comment l'IA transforme la communication, le conseil et le développement communautaire, tandis qu'un cours d'études bibliques pourrait examiner comment les outils d'IA peuvent à la fois faciliter et fausser l'interprétation. En intégrant ces discussions à l'ensemble du programme, les étudiants apprennent à considérer l'IA non pas comme un sujet isolé, mais comme une réalité qui touche tous les aspects de la réflexion et du ministère théologiques.

L'intégration exige également une attention pédagogique. Les enseignants ne devraient pas se contenter de parler de l'IA, mais montrer l'exemple d'un engagement réfléchi à son égard. Cela pourrait inclure la démonstration de recherches assistées par l'IA tout en critiquant ses limites, ou l'invitation des étudiants à comparer les interprétations humaines et celles générées par l'IA d'un texte biblique. Les travaux pourraient inviter les étudiants à réfléchir à leurs propres expériences avec les outils numériques, en discernant comment ces technologies influencent leurs pratiques d'étude, de prière et de ministère. Ainsi, l'IA devient non seulement un sujet d'étude, mais aussi un contexte de formation.

L'intégration des cursus devrait également s'étendre au-delà des cours individuels et s'étendre aux structures institutionnelles. Les séminaires pourraient développer des programmes de certificat en théologie et technologie, organiser des colloques sur l'IA et la foi, ou s'associer à des églises pour explorer les implications pastorales de l'IA dans la vie paroissiale. L'intégration institutionnelle des études sur l'IA témoigne de la prise en compte par l'enseignement théologique de sa responsabilité de former les dirigeants au ministère dans un monde technologiquement médiatisé.

Collaboration interdisciplinaire

L'enseignement théologique doit également intégrer la collaboration interdisciplinaire. L'IA n'est pas seulement une question technique; c'est une force culturelle, sociale et spirituelle. Les collaborations avec des disciplines telles que l'informatique, la sociologie, la psychologie, l'économie et le droit peuvent enrichir la réflexion théologique et préparer les étudiants à exercer leur ministère dans des contextes complexes. Des cours conjoints, des conférences invitées et des partenariats avec d'autres institutions peuvent élargir les perspectives des étudiants et favoriser l'humilité face à la complexité technologique.

Cette collaboration positionne également l'enseignement théologique comme un interlocuteur essentiel dans les débats publics sur l'IA. Trop souvent, le discours technologique est dominé par des voix qui ignorent les préoccupations théologiques et éthiques. En s'engageant dans un dialogue interdisciplinaire, les séminaires peuvent offrir des contributions originales, ancrées dans la sagesse chrétienne, garantissant ainsi que les dimensions morales et spirituelles de l'IA ne soient pas négligées. Par exemple, les théologiens peuvent mettre en lumière les liens entre les questions de dignité, de communauté et d'espérance eschatologique et les problématiques de biais algorithmiques, de confidentialité des données et d'automatisation.

La collaboration offre également des possibilités d'apprentissage pragmatique. Les étudiants peuvent travailler aux côtés d'informaticiens pour explorer l'intégration des valeurs dans le code, ou avec des sociologues pour étudier comment l'IA façonne les relations humaines et le travail. Ces expériences permettent aux étudiants en théologie de comprendre que la théologie n'est pas une discipline isolée, mais qu'elle s'inscrit dans la quête humaine plus large de sens et de justice et en tire des enseignements.

Enfin, l'engagement interdisciplinaire rappelle aux étudiants que la sagesse est collective. Aucune discipline ne peut à elle seule saisir pleinement les implications de l'IA. En apprenant à écouter, à questionner et à dialoguer entre disciplines, les étudiants en théologie cultivent l'humilité et l'ouverture nécessaires au ministère dans un monde pluraliste. La collaboration interdisciplinaire devient ainsi non seulement une stratégie académique, mais aussi une pratique formatrice, formant des leaders capables d'aborder l'IA avec une profondeur théologique et une sensibilité culturelle.

Formation au discernement

La formation au discernement doit être au cœur du programme. Les étudiants ont besoin de plus que d'informations sur l'IA; ils ont besoin de ressources spirituelles et morales pour aborder ses défis avec fidélité. Cela nécessite d'intégrer des pratiques de prière, de culte et de vie communautaire au programme, en rappelant aux étudiants que l'éducation théologique vise avant tout à se conformer au Christ, et non pas simplement à maîtriser un contenu.

La formation au discernement consiste à cultiver des vertus telles que l'humilité, la patience, la justice et l'espérance, vertus souvent mises à mal par la culture technologique. Les cours peuvent intégrer des pratiques réflexives, des audits numériques des habitudes technologiques des étudiants et des occasions de discernement collectif sur l'utilisation de l'IA dans le ministère. Ces pratiques aident les étudiants à comprendre que le discernement n'est pas une décision ponctuelle, mais un mode de vie permanent, façonné par l'écoute de l'Esprit.

Le discernement exige également de former les étudiants à reconnaître la dynamique spirituelle à l'œuvre dans la technologie. Cela implique de les former à se poser des questions telles que: Quels désirs cette technologie suscite-t-elle? Quelles idées préconçues sur l'humanité et sur Dieu véhicule-t-elle? Qui bénéficie et qui souffre de son utilisation? En intégrant ces questions dans les cours et la formation, les enseignants apprennent aux étudiants à s'engager dans la technologie non seulement de manière éthique, mais aussi théologique.

Le mentorat et la communauté jouent également un rôle essentiel. Le discernement s'apprend par le partage de la sagesse, le dialogue et la responsabilisation. Les enseignants, les pasteurs et les pairs peuvent accompagner les étudiants et leur montrer comment intégrer la foi, l'éthique et la technologie dans leurs décisions concrètes. Les retraites, les petits groupes et l'accompagnement spirituel peuvent offrir un espace de réflexion plus approfondie, permettant aux étudiants de gérer leurs expériences en communauté.

En fin de compte, la formation au discernement vise à former des leaders capables de guider les communautés avec sagesse et courage. À l'ère des changements technologiques rapides, les églises et les ministères auront besoin de pasteurs et de théologiens capables d'aider les gens à faire des choix judicieux quant à l'utilisation de l'IA dans le culte, l'éducation, l'accompagnement pastoral et la mission. En formant les étudiants au discernement, la formation théologique garantit que les leaders ne se laissent pas emporter par les courants technologiques, mais soient ancrés dans le Christ, capables de sonder les esprits et de s'attacher fermement à ce qui est bon.

Compétences pratiques pour le ministère dans un monde numérique

Si la profondeur théologique et la formation spirituelle sont essentielles, les étudiants doivent également posséder des compétences pratiques pour exercer leur ministère dans un monde numérique. Cela inclut des compétences en communication numérique, une connaissance des outils d'IA pour l'administration et l'accompagnement pastoral, et la capacité à guider les paroisses face aux questions éthiques et spirituelles soulevées par la technologie. La formation dans ces domaines garantit aux diplômés une bonne compréhension de l'IA et leur permet également de l'utiliser concrètement dans leurs ministères.

La formation pratique ne doit pas être conçue comme une maîtrise technique, mais comme une attention pastorale. Par exemple, apprendre à utiliser des outils d'IA pour la traduction peut servir la mission d'hospitalité et d'inclusion. Comprendre les algorithmes des réseaux sociaux peut aider les pasteurs à guider les congrégations face aux problèmes de dépendance numérique, de polarisation ou de désinformation. Développer des connaissances de base en éthique des données peut permettre aux responsables de protéger les communautés vulnérables contre l'exploitation et le détournement de l'information. Dans chaque cas, l'objectif n'est pas l'efficacité en soi, mais le service au peuple de Dieu.

Les étudiants devraient également être initiés aux applications d'IA qui transforment déjà le ministère, comme les chatbots pour la communication au sein de l'Église, l'analyse des besoins des congrégations basée sur les données ou les outils numériques pour le culte hybride. En explorant les possibilités et les pièges de ces outils, les étudiants apprennent à adopter la technologie de manière critique et à l'intégrer au ministère sans la laisser éclipser la primauté de la présence, de la prière et des soins personnels.

Les ateliers et les stages pratiques offrent des occasions d'engagement concret. Les étudiants peuvent expérimenter la création de contenu numérique pour le culte, pratiquer l'accompagnement pastoral sur des plateformes en ligne ou analyser les dimensions éthiques de la gestion des données ecclésiales. Ces expériences les aident à traduire la réflexion théologique en sagesse pratique, les dotant des outils nécessaires pour servir des communautés déjà profondément ancrées dans les systèmes technologiques.

En fin de compte, les compétences pratiques doivent toujours être liées à un objectif théologique. L'objectif n'est pas de former des pasteurs experts en codage ou en apprentissage automatique, mais des bergers capables d'utiliser fidèlement la technologie, de discerner quand l'utiliser, quand y résister et comment garder le Christ au centre de leur ministère. En fondant la formation pratique sur la réflexion théologique, le programme garantit que les diplômés seront préparés à diriger avec sagesse et compassion dans un monde numérique.

Perspectives mondiales et contextuelles

Repenser le programme scolaire exige également de prendre en compte les perspectives mondiales et contextuelles. L'IA n'est pas perçue uniformément à travers le monde; ses avantages et ses inconvénients sont inégalement répartis, ce qui aggrave souvent les inégalités existantes. L'enseignement théologique doit donc inclure les voix des pays du Sud, des communautés marginalisées et des contextes culturels divers. Les cours devraient explorer l'impact de l'IA sur le travail, les migrations, l'écologie et la politique dans différentes régions, afin que les étudiants développent une conscience globale du rôle de la technologie dans la vie humaine.

Cette approche globale élargit les horizons des étudiants au-delà des discours technocratiques occidentaux. Elle les invite à réfléchir à la manière dont les communautés religieuses d'Afrique, d'Asie et d'Amérique latine abordent l'IA avec des ressources limitées mais une profonde imagination théologique. Elle les met au défi d'écouter les traditions autochtones qui critiquent les technologies extractives et proposent des visions alternatives de la relation à la création. En intégrant ces perspectives, l'enseignement théologique prépare les dirigeants à aborder l'IA non seulement comme un phénomène technique ou culturel, mais aussi comme un enjeu de justice lié aux inégalités mondiales.

Les perspectives contextuelles soulignent également que la technologie n'est jamais neutre. Dans certains contextes, l'IA peut fournir des outils médicaux vitaux; dans d'autres, elle peut consolider la surveillance et le contrôle autoritaire. Les étudiants doivent apprendre à discerner ces différences et à se demander comment l'Évangile les appelle à réagir en solidarité avec les plus vulnérables. Les cours peuvent inclure des études de cas sur la façon dont l'IA façonne des communautés particulières, invitant les étudiants à analyser ses opportunités et ses dangers à travers le prisme de l'éthique et de la mission chrétiennes.

De plus, l'engagement mondial et contextuel résiste à la tentation d'imaginer un avenir unique pour l'IA. Il cultive plutôt la conscience de futurs multiples façonnés par la culture, l'économie et la politique. Cette pluralité invite à l'humilité et à l'ouverture, rappelant aux étudiants que la théologie doit s'incarner localement tout en participant au dialogue mondial. Ainsi, l'enseignement théologique peut former des leaders conscients du monde, ancrés dans le contexte et engagés de manière prophétique.

Conclusion
Vers un programme d'études guidé par l'Esprit

Repenser le programme théologique à l'ère de l'IA ne se résume pas à ajouter du contenu ; il s'agit de remodeler la formation. L'objectif est de former des leaders capables de discerner les esprits, de critiquer les idolâtries et d'incarner une présence fidèle dans un monde numérique. Ces leaders devront faire preuve de rigueur intellectuelle, de profondeur spirituelle, de compétences pratiques et d'une ouverture d'esprit internationale. Ils devront considérer l'IA non pas comme un outil neutre, mais comme une force culturelle qui doit être mobilisée théologiquement et pastoralement.

Un programme d'études guidé par l'Esprit inscrit la technologie dans le cadre plus large de la mission de Dieu. Il insiste sur le fait que la formation à la ressemblance avec le Christ est le fondement de toute formation théologique, qu'il s'agisse des langues bibliques, de l'accompagnement pastoral ou de l'éthique de l'IA. L'œuvre de l'Esprit est de guider l'Église vers la vérité, ce qui implique de discerner la vérité au cœur de la complexité technologique. En fondant les programmes sur la prière, le culte et le discernement communautaire, les institutions rappellent aux étudiants que leur confiance ultime ne repose pas sur l'innovation, mais sur la fidélité de Dieu.

Un tel programme favorise également le courage. Les étudiants sont invités à dénoncer les idolâtries de la technologie, à résister aux discours sur l'inéluctabilité et à imaginer des avenirs alternatifs ancrés dans l'Évangile. Cette dimension prophétique de l'éducation prépare les diplômés à diriger l'Église non pas dans une peur réactionnaire ou une adhésion aveugle, mais dans un engagement créatif et fidèle. Une éducation guidée par l'Esprit permet aux dirigeants d'aider les communautés à discerner quand adopter de nouveaux outils, quand y résister, et comment faire en sorte que l'amour de Dieu et de la prochaine demeure au centre.

Enfin, un programme d'études guidé par l'Esprit cultive l'espoir. Dans un monde souvent captivé par les utopies technologiques ou hanté par des peurs dystopiques, l'enseignement théologique témoigne de la promesse d'une nouvelle création. Il forme des leaders capables d'exprimer l'espoir de la résurrection, rappelant à l'Église que l'histoire n'est pas déterminée par des algorithmes, mais par les desseins rédempteurs de Dieu. Cet espoir libère les étudiants et les communautés pour aborder l'IA sans naïveté ni désespoir, mais avec discernement, courage et joie.

En réimaginant l'enseignement théologique de cette manière, les séminaires peuvent préparer des dirigeants pour 2050 et au-delà, des dirigeants sages, courageux et fidèles face à des changements sans précédent, des dirigeants qui incarnent l'intégrité et la vision, et des dirigeants qui, guidés par l'Esprit, proclament le Christ comme Seigneur sur tous les domaines, y compris le numérique.

Chapitre 11
L'avenir de l'éducation théologique
Témoin dans un monde d'IA

Introduction
Debout sur le seuil

L'enseignement théologique a toujours eu pour objectif de préparer l'Église à témoigner fidèlement en son temps. Des premières écoles catéchétiques de l'Église antique aux grandes universités médiévales et aux séminaires de l'ère moderne, chaque génération a adapté ses pratiques éducatives pour répondre aux nouveaux défis. Aujourd'hui, l'intelligence artificielle représente un seuil sans précédent. Son ampleur, sa rapidité et sa pénétration dans la vie quotidienne soulèvent des questions urgentes sur l'humanité, la vérité, la justice et la vie de disciple. Dans ce contexte, l'enseignement théologique doit se réinventer, non pas pour rester pertinent culturellement, mais pour rester fidèle au Christ.

Le séminaire comme communauté de discernement

Dans un monde saturé de données et d'algorithmes, l'enseignement théologique doit se positionner comme une communauté de discernement. Les séminaires ne sont pas de simples usines à savoir ou centres de formation professionnelle; ce sont des espaces où étudiants, professeurs et églises apprennent à interroger les esprits, à discerner le vrai et le bien, et à résister à l'idolâtrie. Le séminaire devient un sanctuaire de sagesse, cultivant la capacité de penser de manière critique, de prier profondément et d'agir avec justice face à la technologie.

En ce sens, le discernement va au-delà de l'analyse intellectuelle. C'est une pratique spirituelle ancrée dans la prière, l'Écriture et la vie de l'Esprit. Il exige de se demander non seulement ce que la technologie peut faire, mais aussi ce qu'elle devrait faire, et comment ses utilisations influencent les communautés vers ou loin du royaume de Dieu. En formulant les questions technologiques en termes théologiques, les séminaires peuvent aider les futurs dirigeants à dépasser les calculs utilitaires pour rechercher la sagesse divine et vivre fidèlement.

Le séminaire, en tant que communauté de discernement, implique également que professeurs et étudiants abordent ces questions ensemble. Plutôt que de traiter l'IA comme une question abstraite, les communautés peuvent examiner leurs propres habitudes technologiques, réfléchir aux forces à l'œuvre dans la culture numérique et pratiquer le discernement comme une discipline partagée. Cette recherche collaborative montre aux étudiants comment les Églises, elles aussi, peuvent appréhender la technologie de manière collective plutôt qu'individuellement.

Ce discernement implique de nommer les forces qui façonnent la société, qu'elles soient économiques, politiques ou technologiques, et de les soumettre à l'examen de l'Évangile. Il implique également de créer un espace pour que des voix diverses (mondiales, contextuelles et marginalisées) puissent s'exprimer, rappelant à l'Église que la sagesse ne réside pas dans l'homogénéité, mais dans l'œuvre de l'Esprit dans le corps du Christ. Ainsi, le séminaire devient non seulement un lieu d'éducation, mais aussi un laboratoire de discernement fidèle, formant des responsables capables d'accompagner les communautés dans l'examen des esprits de leur époque.

Formation pour le témoignage public
À l'ère de l'IA, les diplômés en théologie doivent être préparés non seulement au ministère au sein de l'Église, mais aussi au témoignage public. Alors que la société débat des questions d'automatisation, de surveillance et de dignité humaine, les responsables chrétiens doivent être capables d'exprimer une vision de l'humanité ancrée dans l'*imago Dei* et l'espoir d'une nouvelle création. Cela exige une formation à la fois approfondie sur le plan théologique et engagée publiquement.

Cette formation mettra l'accent sur les compétences de communication pour s'exprimer devant un public, le raisonnement éthique pour aborder des dilemmes complexes et le courage prophétique pour dénoncer les injustices perpétuées par les systèmes technologiques. Elle exigera également de l'humilité, reconnaissant les limites du contrôle humain et la nécessité de la sagesse divine pour affronter l'avenir.

La formation des témoins publics doit inclure une formation à la culture générale. Les dirigeants doivent comprendre les récits qui façonnent l'imaginaire public sur l'IA, les histoires de salut par l'innovation ou de ruine par l'automatisation, et être capables de proposer un contre-discours typiquement chrétien. Ils doivent apprendre à s'exprimer de manière intelligible hors des murs de l'Église, en traduisant leurs convictions théologiques en un langage susceptible de contribuer utilement aux débats politiques, aux conversations médiatiques et aux discussions communautaires.

Des opportunités concrètes d'engagement peuvent renforcer cette formation. Les stages, les forums publics et les partenariats avec des organisations civiques permettent aux étudiants de s'exercer à articuler des perspectives théologiques dans divers contextes. Les enseignants peuvent encadrer les étudiants dans la rédaction d'éditoriaux, la participation au dialogue interreligieux ou la défense de la justice dans les politiques publiques liées aux technologies. Ces expériences permettent aux étudiants de poursuivre leur formation au-delà des cours et de l'inscrire au cœur des débats de société.

Par-dessus tout, la formation au témoignage public implique de cultiver l'intégrité et le courage. Les dirigeants doivent être prêts à dire la vérité même face à l'impopularité, à défendre les plus vulnérables même lorsque cela coûte cher, et à incarner l'espoir même dans l'incertitude. En formant les étudiants à devenir des théologiens publics capables d'aborder la culture de l'IA avec clarté et compassion, les séminaires aident l'Église à remplir sa vocation de témoin du Christ dans tous les domaines de la vie.

L'éducation théologique comme imagination prophétique

Au-delà de la préparation technique ou pratique, l'enseignement théologique doit cultiver l'imagination, la capacité d'envisager des avenirs alternatifs. Trop souvent, les discours sur l'IA sont présentés comme inévitables: soit des rêves utopiques de salut par la technologie, soit des craintes dystopiques d'obsolescence humaine. La mission de l'enseignement théologique est de proclamer une autre histoire: l'histoire appartient à Dieu et notre avenir est assuré non par les algorithmes, mais par la résurrection du Christ.

En engageant les étudiants dans l'Écriture, le culte et la réflexion critique, les séminaires peuvent nourrir une imagination prophétique qui résiste au déterminisme de la culture technologique. Cette imagination permet aux dirigeants de créer des communautés qui incarnent concrètement la justice, l'hospitalité et l'amour, même lorsque ces pratiques défient la logique de l'efficacité ou du profit.

L'imagination prophétique invite également les élèves à s'interroger sur ce que la culture technologique présente comme inévitable. Au lieu d'accepter l'automatisation comme une fatalité, ils peuvent s'interroger sur la manière dont le travail pourrait être réimaginé pour respecter la dignité humaine. Au lieu de supposer que la surveillance est nécessaire à la sécurité, ils peuvent envisager des communautés façonnées par la confiance et la responsabilité mutuelle. Ce questionnement créatif est en soi un acte de résistance, ouvrant la voie à des pratiques porteuses d'espoir face à l'anxiété technologique.

Cette imagination se développe grâce à l'interaction avec les prophètes bibliques, qui ont constamment défié les puissances dominantes et proposé des visions d'un avenir différent selon Dieu. Des cours intégrant la littérature prophétique, l'éthique théologique et l'analyse sociale peuvent aider les étudiants à établir des liens entre le témoignage antique et les défis contemporains. Les pratiques cultuelles (lamentation, intercession et célébration) cultivent également la capacité imaginative d'espérer ce qui n'est pas encore vu.

En fin de compte, l'imagination prophétique permet aux dirigeants non seulement de critiquer les idolâtries technologiques, mais aussi d'inspirer les communautés à vivre différemment. Elle leur permet de raconter des histoires qui recadrent la technologie à la lumière du Royaume de Dieu, de cultiver des pratiques qui résistent à la déshumanisation et de témoigner d'un avenir défini non par les machines, mais par le règne du Christ.

Solidarité mondiale et apprentissage partagé

L'avenir de l'enseignement théologique doit également être mondial. L'IA façonne les sociétés différemment à travers le monde, exacerbant souvent les inégalités. Les séminaires doivent donc nouer des partenariats transfrontaliers, à l'écoute de la sagesse des Églises du Sud, des communautés autochtones et des groupes marginalisés qui vivent les méfaits et les opportunités de la technologie de manière unique. L'apprentissage partagé entre les cultures peut approfondir le discernement et favoriser la solidarité, rappelant à l'Église qu'elle est un seul corps composé de nombreux membres.

Cette solidarité ne se résume pas à une inclusion symbolique, mais à une véritable mutualité. Les institutions occidentales doivent reconnaître qu'elles ont beaucoup à apprendre des communautés dont les expériences de pénurie, d'oppression ou de cadres culturels alternatifs offrent des perspectives uniques pour résister aux idolâtries technologiques. Les perspectives autochtones, par exemple, mettent souvent en avant la relation avec la création d'une manière qui critique les modèles technologiques extractifs. Les églises africaines et asiatiques peuvent apporter des expériences de résilience et de force communautaire qui contrecarrent l'individualisme souvent ancré dans la culture numérique.

L'apprentissage partagé implique également le développement de réseaux collaboratifs de recherche et de formation. Les plateformes en ligne permettent de créer des classes internationales où des étudiants issus de contextes différents apprennent ensemble, comparent l'impact de l'IA sur leurs communautés et discernent des réponses théologiques dans le dialogue. Les partenariats entre séminaires du Nord et du Sud peuvent générer de nouvelles ressources, de nouveaux programmes et de nouvelles pratiques d'envergure véritablement mondiale.

La solidarité mondiale remet en question l'enseignement théologique et le fait de décentrer les hypothèses occidentales sur le progrès technologique. Elle insiste sur le fait que l'avenir de l'Église ne peut être imaginé sans la voix des personnes les plus vulnérables aux bouleversements technologiques. Par l'écoute, le partage et la collaboration interculturelle, les séminaires incarnent la catholicité de l'Église et témoignent de l'œuvre de l'Esprit en tout lieu.

Conclusion
Témoin du Dieu du futur

L'avenir de l'enseignement théologique à l'ère de l'IA ne réside pas principalement dans la maîtrise de nouveaux outils, mais dans un témoignage fidèle. Ce témoignage proclame que la dignité humaine est fondée sur l'image de Dieu, que la vérité est révélée en Christ, que la justice est exigée par le Royaume de Dieu et que l'espérance repose sur l'œuvre rénovatrice de l'Esprit.

De tels témoignages sont profondément contre-culturels. Dans un monde qui mesure souvent la valeur à l'aune de la productivité, de l'efficacité ou des données, l'Église proclame une norme différente: chaque personne est aimée de Dieu, digne de respect et appelée à la communauté. Dans une société tentée d'accorder une confiance absolue aux algorithmes ou aux machines, l'enseignement théologique insiste sur le fait que la confiance n'appartient qu'à Dieu. Dans des cultures anxieuses pour l'avenir, il témoigne d'une espérance ancrée non dans l'ingéniosité humaine, mais dans la promesse divine.

Pour les séminaires, cela signifie que chaque aspect de l'éducation (programme, formation, vie communautaire) doit viser à former des leaders capables d'incarner ce témoignage. Ils doivent être équipés pour résister aux idolâtries technologiques, parler prophétiquement de justice et guider les communautés dans des pratiques d'amour et de fidélité. Ils doivent être formés non seulement comme des penseurs, mais aussi comme des disciples dont la vie témoigne de la réalité de l'Évangile en paroles et en actes.

Témoigner du Dieu du futur, c'est aussi témoigner de sa présence présente. Cela proclame que, même face aux bouleversements technologiques, Dieu est à l'œuvre, soutenant la création et guidant l'Église. Cela nous rappelle que l'Esprit équipe les croyants pour tous les temps, leur donnant la force de vivre fidèlement dans des contextes que leurs ancêtres pouvaient difficilement imaginer. En s'accrochant à cette assurance, la formation théologique peut relever les défis de l'IA sans crainte, confiante que le Christ est le Seigneur de l'histoire et de l'avenir.

En fin de compte, témoigner du Dieu de l'avenir, c'est inviter l'Église à faire preuve d'espoir et de courage. Cela revient à dire qu'aucune machine ne peut définir notre destinée, aucun algorithme ne peut déterminer notre valeur et aucune innovation ne peut évincer le règne du Christ. La formation théologique prépare des dirigeants qui vivent cette conviction, guidant le peuple de Dieu à incarner l'amour, la vérité et la justice comme signes du Royaume. Ce faisant, elle accomplit sa vocation: servir l'Église en formant des témoins capables de proclamer et d'incarner l'Évangile à toutes les époques, même et surtout à l'ère de l'intelligence artificielle.

Épilogue
Enseigner la théologie à l'ère de l'IA

Introduction
Regarder en arrière, regarder vers l'avenir

Cet ouvrage explore les profonds défis et opportunités que l'intelligence artificielle apporte à l'enseignement théologique. Nous avons retracé comment l'IA bouleverse l'anthropologie théologique, bouleverse les hypothèses sur la révélation et l'interprétation, expose les questions de péché et de responsabilité, et invite à de nouvelles réflexions sur la présence, la justice, la formation et le programme. Chaque chapitre aborde une question différente: que signifie enseigner et apprendre fidèlement dans un monde où les machines façonnent de plus en plus la pensée, le comportement et la communauté?

En rassemblant ces réflexions, la mission de la formation théologique apparaît clairement. Il ne s'agit pas simplement de réagir à la technologie, mais d'y répondre théologiquement, en fondant notre travail sur les Écritures, la tradition et la vie de l'Esprit. Il s'agit de former des leaders capables d'aborder la complexité avec sagesse, de résister à l'idolâtrie avec courage et de témoigner avec espoir. En fin de compte, l'histoire de l'IA et de l'Église ne concerne pas les machines, mais la mission continue de Dieu et l'appel de son peuple à y participer.

Thèmes clés revisités

Tout au long de cet ouvrage, plusieurs thèmes ont émergé, façonnant la vision de l'enseignement théologique à l'ère de l'IA. Le premier est l'affirmation de la dignité humaine et de l'*imago Dei*. Face aux récits qui réduisent l'humanité à des données ou à des calculs, l'enseignement théologique doit réaffirmer que les êtres humains sont créés à l'image de Dieu, appelés à la communion, à l'amour et à l'adoration. Un deuxième thème est la distinction entre vérité et révélation. L'IA peut générer de vastes quantités d'informations, mais la révélation est la révélation de Dieu. La formation théologique doit donc enseigner le discernement, permettant aux étudiants de distinguer entre information et sagesse, entre simulation et véritable rencontre avec le divin.

Un autre thème est la justice et la responsabilité. Parce que les systèmes d'IA reflètent et amplifient inévitablement le péché humain, la formation théologique doit préparer les dirigeants à affronter les préjugés, à résister à l'exploitation et à défendre les personnes marginalisées. L'accent mis sur la présence et la formation est étroitement lié à ce thème. À l'ère du numérique désincarné, la formation théologique doit retrouver des pratiques d'enseignement incarné, de culte communautaire et d'imagination sacramentelle qui forment des disciples dans l'amour et la fidélité. Enfin, il y a le thème de l'espérance et de l'eschatologie. Contre les rêves techno-utopiques et les peurs dystopiques, l'Église proclame une espérance fondée sur la résurrection du Christ et l'œuvre régénératrice de l'Esprit. L'avenir n'est pas assuré par les machines, mais par la promesse de Dieu.

La vocation des éducateurs théologiques

Pour ceux qui sont appelés à enseigner dans les séminaires et les écoles de théologie, l'ère de l'IA est à la fois intimidante et exaltante. Les enseignants doivent eux-mêmes devenir des praticiens du discernement, expérimenter l'esprit de la technologie tout en guidant les étudiants vers une sagesse plus profonde. Cela exige le courage d'aborder de nouvelles questions, l'humilité d'apprendre d'autres disciplines et cultures, et la foi pour croire que l'Esprit continue de guider l'Église vers la vérité.

La vocation des enseignants en théologie va bien au-delà de la transmission du savoir. Ils sont appelés à former des communautés où les étudiants rencontrent Dieu, se confrontent aux Écritures et cultivent les vertus nécessaires à un ministère fidèle. Leur rôle inclut le mentorat, la démonstration de l'intégrité et le façonnage du caractère, d'une manière qui ne peut être confiée à des machines. À l'ère de l'IA, cette vocation reste inchangée dans son essence, mais sa pratique est devenue plus complexe, exigeant une attention particulière à la manière dont la technologie façonne l'identité, l'imagination et la formation des disciples.

Les enseignants doivent également s'engager dans la théologie publique. En donnant aux étudiants les moyens de s'exprimer avec clarté et courage dans les débats publics sur la technologie et la société, ils aident l'Église à revendiquer la place qui lui revient dans des conversations trop souvent dominées par des voix technocratiques ou commerciales. Les enseignants servent ainsi non seulement leurs étudiants, mais aussi le monde entier, en offrant une sagesse théologique sur des questions qui touchent toutes les dimensions de la vie.

Enfin, les enseignants en théologie sont eux-mêmes des témoins. Leur enseignement, leurs recherches et leur vie communautaire témoignent de leur conviction que le Christ est Seigneur à chaque époque, y compris celle du numérique. En abordant cette vocation avec clarté et espoir, les enseignants peuvent préparer des dirigeants qui guideront l'Église en terrain inconnu, incarnant sagesse, courage et fidélité face aux changements technologiques.

Une vision pour 2050 et au-delà

À l'avenir, l'Église de 2050 vivra dans un monde où l'IA sera omniprésente. Les systèmes automatisés serviront de médiateurs à la communication, au travail, à la santé, à la gouvernance et même à la vie religieuse. La mission de l'enseignement théologique sera de former des leaders capables de proclamer le Christ comme Seigneur dans ce nouveau paysage, des leaders capables d'aider les communautés à résister à l'idolâtrie, à embrasser la justice et à incarner l'espérance.

Cette vision exige à la fois réalisme et espoir. Le réalisme reconnaît que l'IA continuera de transformer la société de manière profonde et souvent déstabilisante, remodelant les économies, modifiant les relations humaines et remettant en question les frontières éthiques. L'espoir ne proclame qu'aucune de ces transformations n'est définitive.

L'avenir est entre les mains de Dieu, et l'Église est appelée à témoigner de cette réalité avec courage et joie.

L'enseignement théologique en 2050 et au-delà doit donc être profondément ancré dans la tradition tout en s'adaptant résolument à la pratique. Il doit continuer à attirer les étudiants vers les richesses des Écritures, de la doctrine et de l'histoire, tout en les préparant à affronter des questions que leurs ancêtres n'auraient pas pu imaginer. Il doit favoriser une vision globale, reconnaissant que les défis de l'IA ne se limitent pas à une culture ou une région, mais exigent une vision catholique à l'écoute de l'ensemble du corps du Christ. Et il doit former des leaders capables de combler le fossé entre l'Église et le reste du monde, en s'exprimant de manière prophétique dans les débats sur la technologie, la justice et la dignité humaine.

Ainsi, l'enseignement théologique restera fidèle à sa vocation: préparer des témoins de l'Évangile capables de guider le peuple de Dieu à travers les âges. En formant des dirigeants profondément enracinés dans le Christ et résilients face aux changements, les séminaires veilleront à ce que l'Église de 2050 et au-delà continue de témoigner fidèlement du royaume de Dieu dans un monde dominé par l'IA.

Conclusion
Enseigner et témoigner à l'ère de l'IA

Au fil de ces chapitres, nous avons retracé les dangers et les possibilités de l'intelligence artificielle pour l'avenir de l'enseignement théologique. Nous avons vu comment l'IA bouleverse les doctrines fondamentales de l'identité humaine, de la révélation, du péché, de la rédemption, de la présence et de l'espérance. Nous avons analysé son impact sur la pédagogie, la justice, la communauté et la formation. Et nous avons imaginé de nouvelles pratiques pédagogiques et institutionnelles pour former les dirigeants d'une Église qui œuvrera à l'ère du numérique et des algorithmes. À chaque étape, la question fondamentale est restée la même: comment l'enseignement théologique peut-il rester fidèle au Christ tout en s'engageant dans un avenir de plus en plus façonné par l'IA?

La conclusion est à la fois simple et exigeante. L'enseignement théologique doit résister à la tentation de se définir uniquement par la nouveauté technologique ou la pertinence culturelle. Sa vocation permanente est de former des leaders qui témoignent de l'Évangile par leurs paroles, leurs actes et leur présence. Quels sont les outils, les contextes et les questions qui façonnent cette formation? Ce qui ne change pas, c'est l'appel à proclamer le Christ crucifié et ressuscité, celui en qui toute la création tient.

Parler de l'éducation théologique comme d'une forme de technologie spirituelle, c'est admettre que l'enseignement, l'apprentissage, le culte et la formation sont des moyens par lesquels l'Esprit façonne le peuple de Dieu à la communion et à la mission. L'IA peut modifier nos habitudes d'étude, nos moyens de communication et nos formes de ministère, mais elle ne peut reproduire la prière, les sacrements ou l'amour. Elle ne peut porter la croix ni se relever du tombeau. Seul le Dieu vivant le fait, et seuls les êtres humains, créés à l'image de Dieu, peuvent en témoigner.

À l'horizon 2050 et au-delà, l'Église vivra dans un monde où l'IA sera omniprésente. Les dirigeants devront affronter des dilemmes éthiques complexes, témoigner publiquement et encadrer des communautés dont la vie est profondément liée aux technologies numériques. Mais si l'enseignement théologique reste ancré dans l'Écriture, la tradition, le discernement et la direction de l'Esprit, il peut former des dirigeants non seulement compétents en technologie, mais aussi spirituellement sages. Ces dirigeants sauront résister aux idolâtries, défendre la justice, incarner la présence et proclamer l'espérance.

Le dernier mot n'appartient pas à la technologie, mais à Dieu. C'est l'Esprit qui continue de guider l'Église vers la vérité, le Fils qui règne en Seigneur sur l'histoire, et le Père dont l'amour soutient la création. À chaque époque, la formation théologique est appelée à former des témoins qui proclament par leur vie que le Christ est Seigneur. C'est là son défi, sa promesse et même sa joie, surtout dans un monde d'intelligence artificielle.

Annexe A
Directives pratiques pour les enseignants en théologie à l'ère de l'IA

Introduction

Les chapitres précédents ont proposé un cadre théologique et moral pour intégrer l'intelligence artificielle dans la vie de l'Église et du séminaire. Cette annexe propose des lignes directrices pratiques aux enseignants en théologie qui cherchent à appréhender les défis et les opportunités de l'IA dans leurs classes et leurs établissements. Il ne s'agit pas de prescriptions exhaustives, mais d'orientations pratiques, de moyens d'incarner le discernement, l'intégrité et l'espoir dans l'enseignement quotidien.

1. Établir des politiques claires sur l'utilisation de l'IA

Les enseignants devraient collaborer avec leurs établissements pour établir des politiques transparentes et réfléchies sur l'utilisation de l'IA dans les cours et la recherche. Ces politiques devraient clarifier les utilisations acceptables (comme l'aide à la recherche ou la traduction) et interdites (comme la soumission de travaux générés par l'IA comme étant les siens). Ces politiques doivent être accompagnées d'une justification théologique, rappelant aux étudiants que l'intégrité repose sur la véracité devant Dieu et la communauté.

2. Intégrer la maîtrise de l'IA dans l'ensemble du programme scolaire

Plutôt que de confiner l'IA à un seul cours optionnel, les enseignants en théologie devraient intégrer la discussion sur l'IA à plusieurs disciplines. Les cours d'éthique peuvent explorer la justice et les préjugés, les études bibliques peuvent utiliser les outils d'IA pour le langage et l'interprétation, et la théologie pastorale peut examiner l'IA dans le conseil et la communication. Cette intégration permet aux étudiants de considérer l'IA comme une réalité qui touche tous les aspects du ministère.

3. Modèle d'engagement critique

Les professeurs ne devraient pas se contenter de parler d'IA, mais montrer comment l'utiliser de manière critique. Cela peut impliquer de montrer comment l'IA peut contribuer à la recherche tout en identifiant ses limites et ses biais. En faisant preuve de transparence et de discernement, les enseignants forment leurs étudiants à devenir des praticiens avisés, capables d'appréhender l'IA sans crainte ni naïveté.

4. Cultiver les pratiques spirituelles de présence

Pour contrer les tendances désincarnées de la culture numérique, les enseignants devraient intégrer intentionnellement des pratiques de présence à leur enseignement. Cela peut inclure des temps de silence, de prière, d'apprentissage incarné et de culte communautaire. Ces pratiques rappellent aux élèves que la formation n'est pas seulement cognitive, mais holistique, façonnant le cœur, le corps et l'esprit.

5. Concevoir des évaluations qui favorisent l'intégrité

Les devoirs doivent être structurés de manière à encourager la réflexion originale, l'application contextuelle et l'engagement personnel. Les documents de réflexion, les études de cas et les projets de ministère rendent l'utilisation frauduleuse de l'IA moins tentante et moins pertinente. Les enseignants devraient également fournir un retour d'information formatif qui met l'accent sur le développement de l'intégrité plutôt que sur la simple détection des cas frauduleux.

6. Encourager le discernement communautaire

Les séminaires devraient favoriser des espaces où étudiants, professeurs et administrateurs peuvent réfléchir ensemble à la manière dont l'IA façonne leur vie et leur ministère. Forums, ateliers et projets collaboratifs peuvent aider les communautés à appréhender les implications éthiques et spirituelles de la technologie, favorisant ainsi une culture de responsabilité partagée.

7. Engager les voix mondiales et marginalisées

L'IA n'est pas vécue de manière uniforme à travers le monde. Les enseignants en théologie devraient délibérément intégrer les points de vue des pays du Sud, des communautés autochtones et des groupes marginalisés, souvent les plus touchés par les bouleversements technologiques. Inclure ces voix favorise la solidarité mondiale et rappelle aux étudiants que la sagesse naît du corps tout entier du Christ.

8. Utilisez la technologie de manière transparente

Lorsque les établissements utilisent des outils d'IA dans l'administration, l'évaluation ou la communication, ils doivent informer clairement les étudiants des modalités et des raisons de leur utilisation. La transparence renforce la confiance et est un modèle d'intégrité. Les pratiques de surveillance secrètes ou excessivement punitives portent atteinte à la communauté et vont à l'encontre des valeurs de l'enseignement théologique.

Conclusion

Ces directives pratiques visent à aider les enseignants en théologie à aborder l'IA avec fidélité, réflexion et espoir. En établissant des politiques claires, en intégrant la maîtrise de l'IA, en modélisant le discernement, en cultivant la présence, en concevant des évaluations formatives, en encourageant la réflexion collective, en amplifiant les voix internationales et en pratiquant la transparence, les séminaires peuvent aborder l'ère de l'IA avec sagesse. En fin de compte, ces pratiques servent l'objectif profond de l'enseignement théologique: former des dirigeants qui aiment Dieu, servent l'Église et témoignent de l'Évangile dans un monde de plus en plus façonné par l'intelligence artificielle.

Annexe B
Pratiques liturgiques et pédagogiques pour impliquer l'IA

Introduction
　　À l'ère de l'IA, l'enseignement théologique ne se limite pas aux idées, mais s'étend aussi aux pratiques. Les enseignants et les responsables d'Église ont besoin de moyens concrets pour intégrer la réflexion sur la technologie aux rythmes du culte, de la formation et de l'enseignement. Cette annexe présente des exemples de pratiques liturgiques et pédagogiques qui peuvent aider les communautés à s'engager avec l'IA de manière critique et fidèle.

Pratiques liturgiques
Prières de discernement
　　Intégrez des prières pendant le culte qui demandent explicitement la sagesse dans l'utilisation des technologies. Ces prières peuvent mentionner l'IA, les médias numériques ou d'autres innovations, et implorer l'Esprit de vous guider et de vous éclairer.

Confession d'idolâtrie
　　Développer des confessions liturgiques qui reconnaissent comment les communautés ont fait plus confiance à la technologie qu'à Dieu, en quête de pardon et de renouveau. De telles pratiques

contribuent à démasquer les idolâtries technologiques.

Bénédictions pour les outils

Adaptez les traditions de bénédiction des récoltes, des maisons ou des lieux de travail en étendant les bénédictions aux outils technologiques (ordinateurs portables, téléphones ou même systèmes d'IA) en demandant qu'ils soient utilisés pour les desseins de Dieu et non pour nuire.

Liturgies du sabbat

Encouragez le jeûne numérique pendant les cultes ou les retraites, en associant le repos du sabbat à une déconnexion volontaire des appareils. Cette pratique renforce l'idée que la valeur humaine ne se mesure pas à la productivité ou à la connectivité.

Pratiques pédagogiques
Audits numériques

Invitez les élèves à analyser leur utilisation quotidienne de l'IA et des technologies numériques, en réfléchissant à la manière dont ces outils façonnent leurs désirs, leur temps et leur communauté. Cet exercice permet de relier la théologie à l'expérience vécue.

Discussions d'études de cas

Utilisez des exemples concrets d'applications de l'IA (reconnaissance faciale, biais algorithmiques, chatbots pastoraux) comme études de cas dans vos cours d'éthique, de théologie ou de pastorale. Encouragez les étudiants à discerner les réponses théologiques.

Exercices comparatifs

Demandez aux élèves de comparer les interprétations d'un texte biblique générées par l'IA avec leurs propres études et commentaires traditionnels. Ces exercices mettent en évidence la différence entre information et révélation, simulation et foi.

Apprentissage incarné

Intégrez des pratiques telles que la prière collective, le silence ou le service communautaire aux discussions sur l'IA. Ces actes incarnés résistent à l'abstraction de la culture numérique et à l'apprentissage fondamental de la présence et de la relation.

Pratiques communautaires

Forums de discernement

Organisez des forums communautaires où étudiants, professeurs et églises locales discutent de l'impact de l'IA sur leurs ministères et leurs vies. Ces rencontres offrent un espace de discernement et de partage de sagesse.

Panels interdisciplinaires

Invitez des voix de l'informatique, du droit, de la sociologie et de la théologie à dialoguer sur l'IA, en modélisant l'humilité de l'enquête partagée et en élargissant les perspectives.

Partenariats mondiaux

Établissez des liens avec des séminaires ou des églises du Sud pour partager vos expériences en matière d'IA et de technologie. Ces partenariats rappellent aux communautés que les changements technologiques sont vécus de manière inégale à travers le monde.

Conclusion

Ces pratiques liturgiques et pédagogiques offrent des moyens concrets d'aborder l'IA non seulement comme sujet d'étude, mais aussi comme partie intégrante de la vie de foi. En intégrant la prière, la confession, le discernement, la pratique incarnée et la solidarité mondiale à l'enseignement et au culte, les enseignants en théologie et les responsables d'Église peuvent aider les communautés à répondre à l'IA avec sagesse, intégrité et espoir.

Annexe C
Questions de discussion pour engager l'IA

Introduction

Afin d'aider les enseignants en théologie et les responsables d'Église à mettre en pratique les thèmes de ce livre, cette annexe propose des exemples de questions de discussion et de travaux pratiques. Ces sujets sont conçus pour les salles de séminaire, les petits groupes ou les réunions de paroisse. Ils encouragent les participants à réfléchir théologiquement à l'intelligence artificielle et à relier des questions abstraites à l'expérience vécue.

Questions de discussion
Anthropologie théologique

Comment l'essor de l'IA remet-il en question ou réaffirme-t-il la notion d'être humain, créé à l'image de Dieu? En quoi l'IA est-elle loin de la véritable personnalité?

Révélation et Vérité

Les sermons, prières ou commentaires générés par l'IA peuvent-ils être considérés comme des contributions théologiques authentiques? Pourquoi?

Justice et responsabilité

De quelles manières les systèmes d'IA reflètent-ils le péché social ou l'injustice structurelle?

Comment l'Église pourrait-elle répondre prophétiquement à ces réalités?

Présence et formation

Comment la culture numérique a-t-elle façonné vos propres pratiques de présence, d'attention et de communauté? Quelles contre-pratiques pourraient vous aider à retrouver votre présence?

Eschatologie et espoir

Les médias populaires présentent souvent l'IA sous un jour utopique ou dystopique. Comment l'eschatologie chrétienne offre-t-elle une vision différente de l'avenir?

Témoin public

Quel rôle l'Église devrait-elle jouer dans les débats sociétaux plus larges sur l'IA? Comment les dirigeants peuvent-ils intégrer les perspectives théologiques au discours public?

Annexe D
Missions pour engager l'IA
Exemples de devoirs

Document de réflexion

Rédigez un court essai reflétant l'impact de l'IA sur votre vie quotidienne et votre ministère. Examinez les opportunités et les tentations qu'elle présente et analysez-les à la lumière des Écritures et de la tradition théologique.

Audit des pratiques numériques

Tenez un journal de votre utilisation des technologies pendant une semaine. Notez la fréquence de vos interactions avec les outils basés sur l'IA (moteurs de recherche, réseaux sociaux, applications de traduction, etc.). Réfléchissez à la façon dont ces pratiques influencent vos désirs, votre attention et vos relations.

Analyse d'étude de cas

Examinez un exemple concret d'utilisation de l'IA, comme la police prédictive, les diagnostics médicaux ou les chatbots pastoraux. Identifiez les enjeux théologiques et éthiques en jeu et proposez une réponse chrétienne fidèle.

Exercice d'exégèse comparative

Sélectionnez un passage biblique et comparez son interprétation à l'aide de commentaires traditionnels, de votre propre travail exégétique et d'analyses générées par l'IA. Réfléchissez aux différences et à ce qu'elles révèlent sur la révélation, l'interprétation et le rôle de l'Esprit.

Présentation de groupe

Travaillez en équipe pour présenter l'impact de l'IA sur un contexte mondial particulier (par exemple, le travail en Asie, la surveillance en Afrique, l'agriculture en Amérique latine). Proposez des ressources théologiques pour aborder les défis et les opportunités de ce contexte.

Projet créatif

Concevez une liturgie, un sermon ou une séance d'enseignement qui aborde l'IA d'un point de vue théologique. Intégrez des passages bibliques, des prières et des réflexions qui aident la congrégation à aborder le sujet avec fidélité.

Conclusion

Ces questions et exercices visent à susciter la conversation, à approfondir la réflexion et à favoriser la formation. Ce sont des outils flexibles et adaptables à divers contextes, toujours pour aider les étudiants et les congrégations à discerner le sens de l'IA à la lumière de l'Évangile et de l'appel au témoignage fidèle.

Annexe E
Exemples de plans de cours sur l'IA et l'éducation théologique

Introduction

Cette annexe propose des suggestions de programmes et de plans de cours pour les enseignants en théologie souhaitant intégrer l'intelligence artificielle à leur enseignement. Ces plans constituent des cadres flexibles et adaptables à différents contextes institutionnels, qu'il s'agisse de cours semestriels, de stages intensifs de courte durée ou de modules intégrés à des cours existants.

Cours 1: Théologie et intelligence artificielle (cours semestriel)

Description du cours:

Ce cours explore les défis et les opportunités théologiques posés par l'intelligence artificielle. Les étudiants aborderont les questions doctrinales, éthiques et pastorales soulevées par l'IA et développeront des compétences de discernement pour le ministère dans un monde numérique.

Objectifs d'apprentissage:

Articuler des perspectives théologiques sur l'humanité, la création et la technologie.

Analyser de manière critique l'IA en tenant compte de l'éthique chrétienne et de la justice sociale.

Développer des stratégies pratiques pour intégrer la réflexion théologique dans le ministère et le témoignage public.

Plan hebdomadaire:
- Introduction: La théologie dans un monde technologique
- Le tournant numérique: de l'imprimerie aux algorithmes
- Anthropologie théologique: *Imago Dei* et intelligence artificielle
- Révélation et interprétation à l'ère numérique
- Péché, déchéance et Agence de l'IA
- Christologie et incarnation dans un monde virtuel
- Eschatologie et espoir au-delà des utopies technologiques
- Justice, partialité et option préférentielle pour les marginalisés
- Présence, adoration et formation dans les espaces numériques
- L'IA dans la recherche et l'enseignement théologiques
- Théologie publique et témoignage à l'ère de l'IA
- Études de cas: l'IA dans les contextes mondiaux
- Présentations des étudiants
- Conclusion: Vers une théologie de la technologie guidée par l'Esprit

Méthodes d'évaluation
Documents de réflexion, analyse d'études de cas, présentation de groupe et projet de recherche final.

Cours 2: Éthique, ministère et intelligence artificielle (intensif)
Description du cours:
Une exploration ciblée de l'impact de l'IA sur le ministère, l'accompagnement pastoral et le témoignage de l'Église. Conçue sous forme de formation intensive d'une ou deux semaines.

Objectifs d'apprentissage:
Identifier les dilemmes éthiques posés par l'IA dans les contextes pastoraux et congrégationnels.

Discerner les pratiques fidèles de présence, de justice et d'intégrité dans le ministère numérique.

Engager un dialogue interdisciplinaire sur l'IA et la société.

Plan quotidien (pour une semaine intensive):
- Jour 1: L'IA et la vocation humaine
- Jour 2: Justice, préjugés et marges
- Jour 3: Ministère et présence dans la culture numérique
- Jour 4: Éducation théologique et IA: opportunités et risques
- Jour 5: Témoignage public et imagination prophétique

Méthodes d'évaluation:
Journal quotidien, projet collaboratif et essai intégratif final.

Cours 3: IA et recherche théologique (module)
Description du cours:
Un module de quatre semaines qui présente aux étudiants les opportunités et les risques liés à l'utilisation de l'IA dans la recherche théologique.

Objectifs d'apprentissage:
Familiarisez-vous avec les outils de recherche en IA et leurs limites.

Distinguer entre information et sagesse dans l'étude théologique.

Réfléchir à l'intégrité académique à l'ère de l'IA.

Plan hebdomadaire:
- Semaine 1: Introduction aux outils de recherche en IA
- Semaine 2: Les risques de l'externalisation de la pensée théologique
- Semaine 3: Discernement et sagesse dans les pratiques de recherche
- Semaine 4: Intégrité, responsabilité et avenir des bourses d'études

Méthodes d'évaluation:
Bibliographie annotée, exercice d'exégèse comparative et court document de réflexion.

Conclusion

Ces plans de cours offrent des points de départ pour intégrer l'IA aux programmes de théologie. Que ce soit par le biais d'un cours complet, d'un module intensif ou d'un module court, les enseignants en théologie peuvent adapter ces cadres pour former des étudiants dotés d'un esprit critique, d'un ancrage spirituel et d'une préparation pastorale à exercer leur ministère dans un monde façonné par l'intelligence artificielle.

Annexe F
Politiques et pratiques institutionnelles des séminaires à l'ère de l'IA

Introduction

Les écoles de théologie sont confrontées à des défis non seulement pédagogiques, mais aussi institutionnels face à l'IA. Les séminaires doivent élaborer des politiques et des pratiques qui préservent l'intégrité, incarnent la justice et favorisent la formation à l'ère numérique. Cette annexe présente des suggestions de stratégies institutionnelles pour une gestion avisée de l'utilisation de l'IA.

Politique institutionnelle sur l'utilisation de l'IA

Les séminaires devraient adopter des politiques claires et complètes sur l'utilisation de l'IA dans les cours, la recherche et l'administration. Ces politiques devraient préciser les utilisations acceptables et inacceptables, préciser les conséquences des violations et fournir une justification théologique fondée sur l'intégrité, la responsabilité et la véracité.

Développement et formation du corps professoral

Les établissements devraient investir dans la formation continue des enseignants en matière de maîtrise de l'IA, de pédagogie et d'éthique. Des ateliers et des groupes d'apprentissage entre pairs peuvent permettre aux enseignants de faire preuve de discernement et d'accompagner les étudiants de manière responsable. La formation devrait également inclure une réflexion sur les dimensions spirituelles et formatrices de l'enseignement en contexte numérique.

Orientation et formation des étudiants

Les séminaires devraient intégrer la maîtrise de l'IA et l'éthique dans l'orientation des étudiants, en veillant à ce que les nouveaux étudiants comprennent à la fois les politiques institutionnelles et les perspectives théologiques sur la technologie. Des séances de formation peuvent aider les étudiants à réfléchir à leurs propres pratiques numériques et les préparer à un engagement fidèle tout au long de leurs études.

Utilisation transparente de l'IA dans l'administration

Si les établissements utilisent des outils d'IA pour la notation, les admissions ou la communication, la transparence est essentielle. Les étudiants et les enseignants doivent savoir quels systèmes sont utilisés, comment les données sont traitées et comment les décisions sont prises. La transparence favorise la confiance et témoigne de l'intégrité institutionnelle.

Structures de responsabilisation et de surveillance

Les séminaires devraient créer des comités ou des groupes de travail chargés de superviser les politiques et pratiques en matière d'IA, de les réviser régulièrement et d'examiner les technologies émergentes. Cette supervision devrait inclure des voix diverses (professeurs, étudiants, administrateurs et partenaires communautaires) afin de garantir un discernement partagé.

Partenariats mondiaux et équité

Les institutions doivent reconnaître que l'IA reflète et amplifie les inégalités mondiales. Les séminaires devraient collaborer avec les institutions du Sud et les communautés marginalisées, en veillant à ce que leurs points de vue éclairent les politiques et à ce que les ressources soient partagées équitablement. Les partenariats mondiaux incarnent la catholicité de l'Église et résistent au triomphalisme technologique.

Engagement envers la présence et l'incarnation

Les pratiques institutionnelles devraient privilégier la présence, le culte et la communauté incarnée, en veillant à ce que la technologie ne prenne jamais le pas sur le cœur de la formation théologique. Même en utilisant des plateformes numériques, les séminaires devraient préserver les rythmes de prière, de communion fraternelle et d'imagination sacramentelle.

Recherche et engagement du public

Les séminaires peuvent contribuer à des débats sociétaux plus larges en finançant des recherches, en organisant des forums publics et en publiant des ressources sur l'IA et la théologie. En s'engageant sur la place publique, les institutions témoignent de l'importance de la théologie pour façonner l'avenir des technologies.

Conclusion

En adoptant des politiques claires, en formant les enseignants, en orientant les étudiants, en pratiquant la transparence, en mettant en place des structures de surveillance, en favorisant la solidarité mondiale, en privilégiant la présence et en mobilisant le public, les séminaires peuvent donner l'exemple de réponses institutionnelles fidèles à l'IA. Ces pratiques garantissent que l'enseignement théologique non seulement s'adapte aux changements technologiques, mais qu'il soit aussi intègre, juste et porteur d'espoir.